खुशियाँ और आनंद

आपके खुशहाल जीवन की कुंजी

इंदर कुमार अचप्लानी

Made with ♥ on the Notion Press Platform
www.notionpress.com

समर्पण

खुश रहता हूं मैं, खुश रहना आदत है मेरी...

तुम ना सही आसपास, तुम्हारी यादें तो बेशुमार हैं

कल भी तुमसे प्यार था, आज भी तुमसे प्यार है...

दुख आये बहुत तो क्या, सब हंस कर सह लिये मैंने,

खुश रहता हूं मैं, खुश रहना आदत है मेरी.....

खुशियाँ और आनंद

आभार

इस पुस्तक को लिखने की प्रेरणा मुझे तब मिली जब मैंने यह पढ़ा कि एक हालिया शोध के अनुसार विश्व की लगभग 80 प्रतिशत आबादी आज अवसाद ग्रस्त है और विडम्बना यह है कि उन्हें पता ही नहीं है कि वह बीमार हैं और जब तक बीमारी के लक्षण बाहर आते हैं तब तक बहुत देर हो चुकी होती है. पति–पत्नी के संबधों में रिक्तता, बच्चों का उग्र स्वभाव, परिजनों से दूरी और कभी–कभी तो आत्महत्या तक सब 'खुशियों और आनंद' से वंचित इस जीवन शैली का ही दुष्परिणाम हैं.

इसका मूल कारण हैं काल्पनिक खुशियों की तलाश यथा बड़ा घर, बड़ी गाड़ी, ढेर सारी दौलत, नौकर–चाकर आदि क्योंकि अधिकांश लोग 'सुख' और 'खुशी' को पयार्यवाची मान लेते हैं और काल्पनिक खुशियों की तलाश में अपना सारा जीवन होम कर देते हैं. सुख बटोरने के चक्कर में ना तो वो परिवार को समय दे पाते हैं और ना ही खुद को. यह तनावग्रस्त जीवन अन्ततः हाइपरटेंशन, डायबिटीज्, एनक्जाईटी जैसी अनगिनत बीमारियों का कारण बनता है और इतनी जद्दो–जहद् से जमा किये सारे 'सुख' धरे रह जाते हैं.

गाना कि आधारभूत सुविधाओं के बिना 'खुशी' की कल्पना करना भी बेमानी होगा परन्तु यह भी सच है कि खुश होने के लिये अथवा खुश रहने के लिये बस

'खुश' रहने की दृढ़ इच्छा शक्ति चाहिये जो भौतिक सुखों को जमा करने के चक्कर में दब कर रह जाती है.

वैज्ञानिकों ने गहन अध्ययन के बाद उन कारणों की पहचान की है जो गाहे–बेगाहे हमारी खुशियों में ग्रहण लगाते रहते हैं और इनसे निजात पाने की सरल विधियों की भी खोज की है, जो इस पुस्तक में कहानियों, कविताओं और निजी अनुभवों के रूप में समाहित हैं.

जरा उस घटना को अथवा उस पल को याद कीजिये जब आपने किसी की निस्वार्थ भाव से सहायता की थी, मेरा दावा है कि उस घटना को याद करते ही आपके मन में एक परम–संतोष का भाव आयेगा जो आपके मन–मस्तिष्क को आनंद से भर देगा. खुश रहना है तो सुख देना सीखिये, फिर चाहे वो बातों से हो अथवा भावों से. यही आपके सुखी, सृमध्द और खुशहाल जीवन की नींव है.

मेरा तहेदिल से आभार मेरी पत्नी एवं सभी परिजनों को, मेरे बच्चों और मेरे सभी मित्रों एवं स्वजनों को जो मेरी असीम खुशियों का स्त्रोत हैं.

मेरा कोटि–कोटि धन्यवाद मेरे घनिष्ठ मित्र श्री संदीप दास जी को, जो प्रमाणित हैप्पीनेस कोच हैं और इस विषय के ख्यातिप्राप्त विशेषज्ञ भी, जिन्होंने अपने बेहद व्यस्त जीवन में भी मेरी पुस्तक के मसौदे को पढ़ने के लिये समय निकाला और पुस्तक की प्रस्तावना लिखी.

खुश रहिये, खुशियाँ बांटिये और आंनद पाईये!!!

इन्दर कुमार अचप्लानी

खुशियाँ और आनंद

अनुक्रमणिका

'आपके खुशहाल जीवन की कुंजी'

1. प्रस्तावना

अनंत संभावनाओं, संवेदनाओं और भावनाओं से भरे लम्बे जीवनकाल में हम अनायास ही कुछ ऐसे लोगों से मिल जाते हैं जो हमारे जीवन की दिशा और दशा दोनों ही बदल देते हैं. मेरे जीवन में ऐसा एक व्यक्ति मेरे मित्र, फिलासफर् और पथ–प्रदर्शक हैं श्री इन्दर कुमार अचप्लानी, जिनसे आकस्मिक मुलाकात के बाद ही मुझे पता चल गया था कि अब मेरा जीवन कभी भी पहले जैसा नहीं रहेगा.

जैसे ही मैं उनकी पुस्तक 'खुशियाँ और आनंद' की प्रस्तावना लिखने बैठा हूं, मेरा हृदय उनके द्वारा दिये गये अमूल्य मार्गदर्शन और मुझे खुशहाल और परिपूर्ण जीवन जीने की प्रेरणा देने के लिये उनके प्रति गहन कृतज्ञता से भर गया है. उनकी उपस्थिति में कुछ तो था – एक गर्मजोशी, एक अद्भुत चमक – जिसने मुझे उनकी और आकर्षित किया और उनके ज्ञान की गहराई और उनके असीम आनंद के रहस्यों का पता लगाने के लिये प्रेरित किया.

हमारी पहली मुलाकात में ही मुझे प्रतीत हो गया था कि अचप्लानी जी के पास प्रकृति–प्रदत एक दुर्लभ उपहार है – सबसे अप्रत्याशित स्थानों में खुशी ढूंढने और उस खुशी को बाहर प्रसारित करने की क्षमता, जो उनके जीवन में आने वाले हर व्यक्ति को खुशियों और आनंद से भरने की क्षमता रखती है. फिर चाहे वो चाय पर चर्चा हो अथवा गहन दार्शनिक प्रवचन, उनके सानिध्य में शांति और

संतुष्टि की ऐसी बयार है जो दूसरों को भी वर्तमान क्षण की सुंदरता में भाग लेने के लिये सदैव आंमत्रित करती है.

जैसे–जैसे हमारी मित्रता प्रगाढ़ होती गई और हमारा बंधन मजबूत होता गया, मैंने खुद को अचप्लानी जी की शिक्षाओं की और ऐसे आकर्षित पाया जैसे पतंगा लौ की ओर आकर्षित होता है. उनके सौम्य शब्दों और करूणामय दृष्टि में मुझे ज्ञान का वो खजाना मिला जो भाषा और संस्कृति की सीमाओं से परे मेरी आत्मा की गहराईयों में सदैव गूंजता रहता है. उनके मार्गदर्शन के माध्यम से मैंने दुनिया को नई आंखों से देखना सीखा – सांसारिक सुंदरता की सराहना, दुख के बीच खुशी ढूंढना और कृतज्ञता की भावना विकसित करना, ये सब मुझे जीवन के अपरिहार्य उतार–चढ़ाव में सदैव संतुलित बनाये रखेंगे.

र्निविवाद रूप से महान शिक्षक वही कहलाता है जो स्वंय का उदाहरण पेश कर नेतृत्व करता है और इस संबध में, अचप्लानी जी वास्तव में असाधारण हैं. मैंने उनके सानिध्य में आश्चर्यचकित हो यह देखा कि उन्होंने जीवन की सबसे कठिनतम परिस्थितियों को भी अनुग्रह और सहजता से पार किया. उनका शांत स्वभाव, आत्म–विश्वास और मानवता की अंतर्निहित अच्छाई में अटूट विश्वास ही प्रत्येक चुनौती को पार करने का उनका संबल बना. हर कठिन चुनौती के समय भी वे प्यार और सकारात्मकता फैलाने की अपनी प्रतिबध्दता पर दृढ़ रहे और अपने आसपास के लोगों को भी ऐसा करने के लिये प्रेरित करते रहे.

इस पुस्तक के अध्याय अचप्लानी जी की मानवीय आत्मा की गहरी समझ और खुशी की खोज के प्रति उनके अटूट समर्पण का प्रमाण है. प्रत्येक कविता, प्रत्येक लेख, आत्म–खोज और आत्म–साक्षात्कार की दिशा में उनकी यात्रा का प्रतिबिंब है, जो पाठकों को मन की आंतरिक

कार्यप्रणाली की एक झलक प्रदान करता है, वह मन जो एक ही समय में गहरा और चंचल, बुध्दिमान और सनकी भी है. देने की खुशी से लेकर छोड़ देने की कला तक, कृतज्ञता की शक्ति से लेकर निर्णय लेने में लचीलापन, प्रत्येक अध्याय कालातीत ज्ञान का खजाना है जिसमें जीवन को बदलने की शक्ति है.

जो चीज़ इस पुस्तक को अलग करती है वह है इसकी प्रामाणिकता और ईमानदारी. कई स्व–सहायता पुस्तको के विपरीत जो सामान्य सलाह या त्वरित समाधान प्रदान करती हैं, 'खुशियाँ और आनंद' अचप्लानी जी के स्वयं के अनुभवों और दूसरों के उत्थान और पथ प्रदर्शन की उनकी वास्तविक इच्छा से प्रेरित है. प्रत्येक शब्द, प्रत्येक वाक्यांश, उनके अनूठे दृष्टिकोण और गहन अंतर्दृष्टि से युक्त है, जो पाठकों को आत्म–खोज और व्यक्तिगत विकास की यात्रा पर निकलने के लिये आमंत्रित करता है.

मुझे विश्वास है कि यह पुस्तक इसे पढ़ने वाले सभी लोगों के लिये आशा और प्रेरणा की किरण के रूप में काम करेगी और उन्हें आनंद, उद्देश्य और अर्थ से भरे जीवन की और प्रशस्त करेगी. इन पन्नों में निहित कालातीत ज्ञान से सीख लेकर हम भी जहां भी जाएं, खुशियाँ फैलाने का प्रयास कर सकते हैं.

अंत में, मैं अचप्लानी जी को उनकी अटूट मित्रता, उनकी असीम बुध्दिमत्ता और खुशी की खोज के प्रति उनके अथक समर्पण के लिये हार्दिक धन्यवाद व्यक्त करना चाहता हूं. उनकी शिक्षाएं आने वाली पीढ़ियों के लिये मार्ग प्रशस्त करती रहें और हमें प्यार, हंसी और अनंत संभावनाओं से भरे भविष्य की और मार्गदर्शन करती रहें.

संदीप दास, हैप्पीनेस कोच

संस्थापक – ऐकेडमी आफॅ अनलिमिटेड मांइडस्

2. खुशियाँ और आंनद

एक दिन बातों बातों में मैंने अपने एक मित्र से पूछ लिया कि खुशी और आंनद में क्या अंतर है? कुछ क्षण सोचने के बाद उसने कहा कि ये दोनों शब्द तो पर्यायवाची हैं अर्थात इनका अर्थ तो एक ही है. मित्रों, मैं दावे के साथ कह सकता हूं कि हम में से बहुत से लोग इन शब्दों का प्रयोग पर्यायवाची की तरह ही करते हैं यधपि यह दो अलग–अलग शब्द हैं और इनमें बहुत अंतर है.

'खुशी' सुख पाने में हैं जबकि 'आनंद' सुख देने में है. इसे ऐसे समझिये कि जब कोई छोटा बच्चा रात को बिस्तर गीला कर देता है और गीले बिस्तर पर सोने के कारण रोने लगता है तो मॉ उसे उठाकर सूखी जगह पर सुला देती है और खुद उसकी जगह गीले बिस्तर पर सो जाती है. कुछ ही पलों में बच्चा गीले बिस्तर के कष्ट से मुक्ति पाकर चैन से सो जाता है और कुछ क्षण बाद मॉ भी गीले बिस्तर के कष्ट को भूल कर मजे से सो जाती है. जानते हैं क्यों? बच्चे को कष्ट से मुक्ति पाकर खुशी मिली और मॉ को बच्चे को खुशी से सोता देखकर आंनद मिला जिसके सामने गीले बिस्तर पर सोने का कष्ट बहुत ही गौण था.

खुशी सुख की बाहरी अवस्था है जो थोड़े समय के लिये ही होती है, जैसे आपने अपनी मनपंसद जगह पर लजीज़ भोजन का मजा लिया, कोई अच्छी से फिल्म देखी जिसमें आपके पंसदीदा कलाकारों ने आपका भरपूर मनोरंजन किया अथवा आपने कोई नई

शर्ट अथवा साड़ी खरीदी. यह सब आपको कुछ समय के लिये निसंदेह खुशी दे सकते हैं परन्तु कुछ दिन बाद आप किसी नई जगह खाना खाने जायेगें अथवा कोई नयी फिल्म देखेगें जो पिछली से बेहतर होगी और पुरानी भूल जायेगें.

'आंनद' मन की आंतरिक खुशी है जिसको समझने के लिये यह कहानी पूरी पढ़िये जो मैंने अपने एक मित्र से सुनी थी और लेखक को साभार आपको समर्पित है. एक दिन रात को लगभग 11 बजे रवि के घर की घंटी बजी, उसने दरवाजा खोलकर देखा तो बाहर एक वृध्द सज्जन खडे थे जिनके चहेरे पर थकान स्पष्ट दिखाई पड़ रही थी. उन्होनें पूछा कि क्या आप रवि हो और रवि के हां कहने पर उन्होनें राहत की सांस ली और कहा कि शुक्र है कि तुम मिल गये और उन्होनें उसको एक पत्र यह कह कर पकड़ा दिया कि ये पत्र तुम्हारे पिता ने दिया है.

पत्र पढने के बाद रवि ने आटो वाले को जाने के लिये कह दिया और उनका सामान लेकर उन्हें अंदर ले आया. उनके लिये भोजन की व्यवस्था की और भोजन के उपरांत उनको कहा कि आप आराम से सो जाईये हम सुबह आपके काम के लिये चलेगें.

दूसरे दिन रवि ने आफिस से अवकाश लिया और उन वृध्द सज्जन को अच्छे से नाश्ता कराकर उनका काम कराने के लिये उनके साथ उस कार्यालय की तरफ निकल पड़ा जहां उनका काम कराना था. काफी भाग–दौड के बाद उनको वह कागज मिल ही गया

जिसके लिये वह वृध्द इतनी दूर गांव से शहर आये थे.

रवि उनको बस स्टेंड तक छोड़ने के लिये आया और साथ में एक मिठाई का डिब्बा और रास्ते के लिये कुछ फल भी लेकर उन वृध्द सज्जन को पकड़ा दिये. वह रवि के इस व्यवहार से बेहद प्रसन्न थे और बार–बार उसे आर्शीवाद दे रहे थे. बस पर चढ़ने से पहले उन्होनें रवि से कहा कि मैं तो तुम्हारे बारे में तुम्हारे पिता से कहूंगा ही और अगर तुम्हें अपने पिता को संदेश देना हो तो बताओ मैं वह भी दे दूंगा.

तब रवि ने कहा कि वे मेरे पिता नहीं हैं क्योंकि मैं वो रवि ही नहीं हूं जिससे आप मिलने आये थे. वो वृध्द हतप्रभ थे, उन्होनें पूछा कि फिर भी तुमने मेरा इतना ख्याल रखा और मेरे काम के लिये इतनी भाग–दौड़ क्यों की? तुम्हारे घर के बाहर तो 'रवि निवास' का बोर्ड लगा हुआ था.

रवि बोला कि हां मेरा भी नाम भी रवि ही है और रात को जब मैं आपसे मिला तो आप काफी थके हुए थे और मुझे पत्र देते समय आपके हाथ कांप रहे थे. मैंने पत्र पढ़ा तो मुझे आपकी व्यथा समझ आयी. उस पत्र से मुझे ज्ञात हुआ कि आपके इकलौते पुत्र की सड़क दुर्घटना में मृत्यु हो गयी थी परन्तु आप अपने पुत्र की मृत्यु का मुआवजा लेने को तैयार ही नहीं थे. जब घर के हालात बहुत ही खराब हो गये तो आप अपने मित्र के कहने पर मुआवजा लेने के लिये तैयार हुए जिसके लिये कुछ कागजात की आवश्यकता थी जो शहर से ही मिल सकते थे. अतः आपके मित्र ने अपने पुत्र को

आपकी सहायता करने के लिये पत्र लिखा और आप उसका पता खोजते मेरे घर पहुंच गये. मैंने उस रवि को पत्र में लिखे फोन नम्बर पर फोन किया तो पता चला कि वो शहर से बाहर है और तीन–चार दिन बाद आयेगा. ऐसी परिस्थिति में मुझे जो उचित लगा मैंने आपके लिये कर दिया.

अब उन वृध्द की आंखों में आंसू थे और वे उसे बार–बार आर्शीवचन कहते हुए बस में चढ़ गये. रवि भी आंनद से सरोबार था कि उसे किसी की निस्वार्थ सहायता करने का अवसर मिला.

मित्रों, आंतरिक खुशी ही आनंद है जिसकी खोज में हम आज भटक रहे हैं. एक अध्ययन के अनुसार आज विश्व की आधी आबादी अवसादग्रस्त है अर्थात डिप्रेशन में हैं और विडम्बना यह है कि उनको पता ही नहीं कि वे अस्वस्थ हैं. चिन्ता का विषय यह है कि जब तक इस बीमारी के लक्षण दिखाई देते हैं तब तक काफी देर हो चुकी होती है और कई–कई बार तो अनहोनी भी घट चुकी होती है. अतः आजकल आप इतनी आत्म हत्याओं के बारे में पढ़ते और सुनते हैं और इनमें हर वर्ग के लोग शामिल हैं चाहे वे बेहद समृध्द परिवारों से हों, किसान हों, विधार्थी हों, प्यार में ठुकराये हुए नाकाम आशिक–माशूका हों या कारोबार में घाटा खाया व्यापारी.

आजकल आप टी.वी. के किसी भी चैनल पर समाचार सुनने का प्रयास कीजिये आपको सिर्फ 'ड्रग्स' अर्थात नशे की दुनिया के ही समाचार सुनने को मिलेंगें और आश्चर्य इस बात का है कि आजकल नशे की गर्त में

डूबे उन लोगों के नाम सामने आ रहे हैं जिन्हें हम अपना आदर्श मानते हैं और उनके जैसा बनने की कोशिश करते हैं. आज हमारा युवा वर्ग इस नशीली दुनिया में अपना वर्तमान और भविष्य दोनों डुबो रहा है.

क्या कभी किसी ने जानने का प्रयास किया कि यह जानते बूझते भी कि इस नशीली दुनिया से बाहर निकलने का रास्ता लगभग नामुमकिन है, क्यों हमारा युवा इस और आकर्षित हो रहा है? इसका एकमात्र कारण उनके जीवन की वह रिक्तता है जिसमें चाहे सारे भौतिक सुख सुविधाएं हैं पर आंनद की कमी है और इस कमी के कारणों को जानने के बजाय युवा क्षणिक खुशी के वो चंद चुराना चाहता है जो उसे उसकी कुंठा से बाहर निकाल सकें.

'खुशियाँ और आनंद' की इस श्रृखंला में हम उन कारणों को जानने का प्रयास करेंगें जो आपकी खुशियों पर ड़ाका डाल रहे हैं, उन लक्षणों को जानेगें जिससे आप पता कर सकें कि इनमें से कौन से कारण आपकी खुशियों की राह में बाधा हैं? इनके निदान के लिये हम क्या कर सकते हैं.

सुख और आंनद से भरी खुशियों वाला जीवन हर किसी की चाहत है और विश्वास कीजिये, आपकी वास्तविक खुशियों की चाबी आपके हाथ में ही है. बस आपको अपने आप को यह विश्वास दिलाना है कि आप 'आंनदित' जीवन बिताने के लिये हर संभव प्रयास करने को तैयार हैं.

पिछले दो दशक में इस विषय पर पूरे विश्व में कई शोध हुए हैं और उनका निष्कर्ष यह है कि आपके

सुखमय जीवन के पीछे यूं तो थोडा सा हाथ आपको विरासत में मिले संस्कारों का है पर काफी हाथ आपके लालन–पालन का है अर्थात आपके घर का माहौल जब आप बड़े हो रहे थे. आज एकल परिवारों का जमाना है और माता–पिता दोनों नौकरी पेशा हैं. अतः उनकी अपनी समस्याएं हैं जो उनकी खुशियाँ कतर रही हैं और उस पर बच्चों के लालन–पालन का दायित्व. ऐसे में घर का माहौल तनाव भरा होने के कारण बच्चों पर भी इसका जाने–अनजाने बहुत असर पड़ता है. यह गहन शोध का ही निष्कर्ष है कि नकारात्मक माहौल में बड़े हुए बच्चों को भविष्य में बहुत समस्याएं झेलनी पड़ती हैं. अतः यह आवश्यक है कि घर का माहौल सुखमय हो, बच्चों के साथ समय बिताया जाये, चाहे व्यवस्तता के कारण कम समय ही क्यों ना हो परन्तु थोड़ा समय अपने बच्चों के लिये, उनके सुखमय भविष्य के लिये आपको निकालना ही पड़ेगा. पैसा उनको भौतिक सुख–सुविधाएं तो मुहैया करा सकता है पर वास्तविक खुशी अर्थात आनंद कभी नहीं. हम इसी श्रृंखला में आगे पति–पत्नी में तनाव के कारण और उनके निवारण पर भी चर्चा करेगें.

राहत की बात यह है कि वैज्ञानिकों ने यह सिध्द कर दिया है कि आप थोड़े से प्रयासों से अपनी खोई हुई खुशियों को दुबारा प्राप्त कर सकते हैं. मैं गहन विज्ञान में ना जा कर बस आपको यह विश्वास दिला सकता हूं कि आप अपने मस्तिष्क के तारों को इस तरह टयून कर सकते हैं कि आपकी पुरानी स्मृतियों में जो विसंगतियां आपकी खुशी में बाधा हैं उनसे आप आसानी से पार पा सकें. विश्वास कीजिये मैंने अपने

निजी जीवन में दुख की पराकाष्ठा झेली है और अपने अथक प्रयासों से ही अपनी खुशियों को वापिस पा सका हूं. मेरा ध्येय आपसे अपने अनुभव साझा करने का है ताकि आप भी अपने दुखों का निवारण कर सुखमय जीवन व्यतीत कर सकें.

एकेडमी ऑफ अनलिमिटेड मांइड्स के संस्थापक और मेरे घनिष्ठ मित्र संदीप दास ने 'सांइस ऑफ हेप्पीनेस' विषय पर गहन अध्ययन किया है और हम उनके अध्ययन को माध्यम बना 'हेप्पीनेस' के पीछे छुपे विज्ञान का समझने का प्रयास करेंगें. परन्तु इसके लिये आवश्यक है कि आप अपने आप को बदलने के लिये तैयार हों ताकि 'खुशियों और आनंद' से भरी जिन्दगी का भरपूर लुत्फ उठा सकें. खुश रहना है तो आज से ही ठान लीजिये कि '**मैं बदल रहा हूं**'

जिस तरह दिन महीने तारीख बदल रही हैं
मैं भी बदल रहा हूं....
माता–पिता भाई बहनों से किया प्यार बहुत
पत्नी और बच्चों को भी दिया प्यार भरपूर
पर अब मैं अपने आप को चाहने लगा हूं
मैं बदल रहा हूं.....
कुछ यूं हुआ है बढ़ती उम्र का असर
गुस्सा नहीं आता अब मुझे
खुश रहने की जिद अब
मैं अपने आप से करने लगा हूं
बात–बेबात रहता हूं मुस्कराता,
मैं बदल रहा हूं.....

सारी दुनिया को बदलने की जिम्मेदारी
नहीं है मेरे ही कंधों पर
इस बात को अब मैं समझने लगा हूं
दुनिया बदलने की जिद छोड़
बस अपने आप को बदलने में ही लगा हूं,
मैं बदल रहा हूं......
नहीं करता अब सब्जी वाले से
रूपये दो रूपये के लिये झिकझिक
शायद आ जाये यह उसके बच्चों की
पढ़ाई के लिये ही कुछ काम
ना ही ऑटो वाले से उम्मीद करता
खुदरा वापिसी की,
दिन भर की कड़ी मशक्कत के बाद
उसके चहेरे पर आ जाये शायद थोड़ी सी मुस्कान,
मुझे नहीं लगता इससे मेरी जेब खाली हो जायेगी
पर उसकी खुशी मुझे कुछ तो
सुकून दे ही जायेगी,
मैं बदल रहा हूं.....
बुजुर्गों की एक ही कहानी बार–बार सुनकर
नहीं टोकता अब उनको मैं कभी भी जरा
शायद यह पुरानी बातें ही
खुशी का कोई पल याद करा
मुस्कान दे जायें उनको,
उनके चहेरों पर रहे मुस्कान हमेशा
इसीलिये अब मैं उनको

ज्यादा समय देने लगा हूं
मैं बदल रहा हूं.....
शांति अब मुझे ज्यादा प्यारी लगने लगी है
इसीलिये अब मैं किसी के काम में
मीन–मेख नहीं ढूंढता
उसकी जिंदगी है सीख लेगा
वो अपनी गल्तियों से
मैं अब किसी को छोटी–मोटी
गल्तियों के लिये अब नहीं टोकता,
मैं बदल रहा हूं.........
अपने हक के लिये लड़ना अब मैंने सीख लिया है
क्योंकि यह अब मैंने यह जान लिया है
अन्याय सहना भी अन्याय करने के ही समान है,
इसीलिये अब मैं अपना जायज
हक छीन कर भी ले लेता हूं,
मैं बदल रहा हूं.......
जिन्दगी का क्या भरोसा
कल हो ना हो
इसीलिये हर पल अब मैं जीना सीख रहा हूं
सदा रहता हूं मुस्कराता
और खुशियाँ बांटता हूं
मैं बदल रहा हूं..........मैं बदल रहा हूं.

3. खुशियाँ चुराने वाले चोर

पिछली कड़ी में हमने आनंद को परिभाषित करने का प्रयास किया और जाना की वास्तविक 'खुशी' सुख देने में है. यह र्निविवाद सत्य है कि हर कोई खुशहाल जिन्दगी जीना चाहता है परन्तु किसी ना किसी वजह से वह दुखी है. ऐसे बहुत से कारण हैं जो उसकी खुशियों पर ग्रहण लगा रहे हैं.

आईये, पहले उन वैज्ञानिक कारणों को जानने और समझने की कोशिश करते हैं जिन्हें न्यूरो सांइस के विशेषज्ञों ने गहन अध्ययन के बाद वर्णित किया है और जो आपके दुख के मुख्य कारण है. अंग्रेजी में इन कारणों की व्याख्या बहुत ही सरलता से एक ही शब्द में स्मरण की जा सकती है – "H.U.M.A.N.E.". हम अंग्रेजी के इस 'हयूमेन' शब्द को हिन्दी में इस प्रकार समझ सकते हैं:

1. Holding on Trap 'होल्ड़िग आन ट्रैप' :: अर्थात पुरानी दुखद अथवा कष्टकारी स्मृतियों को ना भूल पाना.

मुझे 'रिचर्ड काडरे' की एक उक्ति याद आ रही है, उनके अनुसार ***'यादें गोलियों की तरह होती हैं. कुछ प्रवीण होती हैं और वो सिर्फ आपको छू कर गुजर जाती हैं. वहीं कुछ आपके शरीर को भेद जाती हैं और आपके टुकड़े–टुकडे कर देती हैं.*** विडम्बना यह है कि बुरी यादें आपके दिल–दिमाग दोनों को छलनी कर देती हैं और वैज्ञानिक शोधों से सिध्द हुआ है कि यह बुरी यादें आपको बार–बार याद आती हैं और पूरी

घटना आपके मानस पटल पर इस तरह उभर आती है जैसे कल की ही बात हो और ऐसा बार–बार होता रहता है जो आपके दुख का बहुत बड़ा कारण है.

अगर आपको खुशहाल जीवन बिताना है तो आपको इन बुरी यादों से छुटकारा पाना ही होगा और यकीन मानिये यह संभव है परन्तु इस समस्या के निवारण पर चर्चा हम अगली कड़ी में करेगें.

2. Uncertainty Trap – 'अनसरटेनिटी् ट्रैप' :: अर्थात कल की चिन्ता में आज दुखी होना

हमारे देश में ही नहीं अपितु विश्व भर में शायद ही कोई ऐसा इन्सान होगा जिसने कभी भविष्य में झांकने का प्रयास ना किया हो और हमारे यहां तो यह समस्या कुछ ज्यादा ही है अतः आपको हर गली–नुक्कड़ पर भविष्य देखने वाले महापुरूष मिल जायेगें. फिर चाहे तोता एक कार्ड उठाकर आपका भविष्य बता दे, चाहे पेड़ के नीचे बैठा कोई व्यक्ति आपकी हस्तरेखा पढ़ कर आपको सचेत कर दे या टेरो–कार्ड रीड़र आपकी सहायता करने को तत्पर हो.

इन सब की दुकानें इतने अच्छे से सिर्फ इसीलिये चल रही हैं कि हम अपने भविष्य को लेकर सदैव चिन्ताग्रस्त रहते हैं जैसे नौकरी कब मिलेगी, मिल गई है तो प्रोमोशन कब होगा, शादी कब होगी, कैसी निभेगी, बच्चों का भविष्य क्या होगा, लड़की अभी पैदा हुई है पर मॉ–बाप को यह चिन्ता शुरू हो गयी कि इसकी शादी में कितना खर्च होगा, पैसा कहां से आयेगा. अमीरों की चिन्ता भी बड़ी–बड़ी, दूसरी फेक्टरी कब लगेगी, पैसा कितना चाहिये होगा, बच्चों को

अपनी फेक्टरी ही सौंपनी है कि उनको नया काम शुरू कराना होगा, आदि. लिस्ट बहुत लम्बी है पर मतलब इतना ही है कि हम कल की चिन्ता में आज दुखी हैं. चिन्ता छोड़िये और आज का आनंद लीजिये, कल किसने देखा है. तरीके मैं आपको बताने का प्रयास करूंगा. अभी के लिये बस इतना याद रखिये कि **'होनी बलवान है'**

एक दिन मैंने एक सपना देखा
अपने सामने यमराज को खड़ा देखा,
वे बोले, पुत्र तुम्हारा धरती पर
समय हुआ पूरा
तुम्हारे जीवन चक्र का धरा घूमा पूरा
अब मेरे साथ चलो थोड़ा जल्दी करो.

मैं बोला, यम जी मैंने अभी नहीं जाना है,
धरती पर मेरे बचे हैं कई काम बाकी
पहले उन सब को निपटाना है.

यम जी बोले मैं तो प्रभु का सेवक हूं
उन्होनें मुझे यह लिस्ट थमाई है
देखो सबसे उपर
तुम्हारे नाम की बारी आई है.
अब मेरे चहेरे पर थोड़ी घबराहट थी
पर मेरी बुध्दि जीने को तलबगार थी,
मैंने बोलो ठीक है यम जी चलते हैं
पर उससे पहले क्या
एक कप काफी पी सकते हैं?

यम बोले ठीक है जल्दी पी लो
और मुझे भी पिला दो.
मेरी भी थोड़ी थकान मिटा दो.

मैंने रसोई जाकर काफी बनाई
यम जी की काफी में नींद की गोली मिलाई,
यम जी काफी पी गहरी नींद में सो गये
मेरे तो लगता था पौ बारह हो गये.

मैंने जल्दी से लिस्ट उठाई,
अपने नाम को सबसे उपर से काट
सबसे नीचे लिख ड़ाला
लगा मैंने तो मृत्यु को भी हरा ड़ाला.

जब यम जी की नींद खुली
वो तरोताज़ा और प्रसन्न थे,
बोले पुत्र तुमने तो कमाल किया
मेरी सारी थकान को मिटा दिया,
मैं तुमसे बहुत प्रसन्न हुआ
इसीलिये मैंने अब यह तय है किया,
कि मैं लिस्ट उल्टी शुरू करूंगा
सबसे पहले....
सबसे नीचे वाले को लेकर चलूंगा.

3. Me-My Relationship Trap 'मी–माई रिलेशनशिप ट्रैप' :: अर्थात मेरे संबधों का क्या होगा

हम सब सामाजिक प्राणी हैं और अपने संबधों को लेकर बेहद संवेदनशील हैं. आपके मन में कुछ है जो आप अपने किसी स्वजन को बोलना अथवा बताना चाहते हैं पर इस चिन्ता में की कहीं वह बुरा तो नहीं मान जायेगा, हम अपनी खुशी का सत्यानाश कर लेते हैं. हमारे यहां सास–बहु के रिश्तों पर तो एक किताब लिखी जा सकती है और मजे की बात यह है कि दोनों को एक–दूसरे से बहुत शिकायतें हैं पर सामने कुछ कहना नहीं पर पीठ पीछे कुछ छोड़ना नहीं. ऐसे में दोनों ही अपनी खुशी को रिश्ता निभाने की खातिर होम कर देते हैं और साथ में बेचारा पति. घर में मॉ–बीबी के बीच सांमजस्य की खातिर मौन व्रत, कार्यालय में बॉस के साथ और सह–कर्मियों के साथ संवाद में सर्तकता कि कोई बुरा ना मान जाये, क्या ये घुटन हमको कभी खुश रहने दे सकती है जब हम हर कदम फूंक–फूंक कर चल रहे हों.

पति–पत्नी के रिश्तों में तो यह संबधों का मकड़जाल कभी–कभी इतना गहरा हो जाता है कि दोनों रिश्ते निभाने की खातिर एक–दूसरे को जीवन भर सहते हैं और शायद ही कभी खुश हो पाते हैं. चिन्ता की बात यह है कि इस तनावग्रस्त जिंदगी के चलते वे अपने बच्चों की खुशियों में जीवन भर की सेंध लगा देते हैं जैसे मैंने पहले जिक्र किया. संबधों में जीवंतता बनाये रखना आपकी आन्तरिक खुशी अर्थात आंनदमयी जीवन के लिये अत्यंत आवश्यक है पर कैसे इस पर विस्तार से चर्चा आने वाली कड़ियों में हम करेगें. फिलहाल के लिये अंग्रेजी की एक कहावत को याद रखिये कि 'Flattery flatters all' अर्थात तारीफ सुनना सबको

अच्छा लगता है और इस **'पत्नी पुराण'** का अपने जीवन में आज से ही अमल कीजिये और फिर नतीजा देखियेः

रोज़ सवेरे उठकर मैं करूं प्रभु का ध्यान,
फिर पत्नी की आंखों में आंखें ड़ाल बोलूं
आई लव यू मेरी जान.
देख मुस्कान उसके चहेरे पर आ जाती
मुझमे भी जोशो–जान
स्नान–ध्यान के बाद दोस्तों नाश्ते में मिलते
नित नये–नये पकवान.
उमंग–तंरग से भर फिर करूं
मैं दिन भर मन लगाकर काम,
संध्या को पहुचूं घर और फिर उसको बोलूं
आई लव यू मेरी जान.

दिन बीता कैसा वो पूछती तो
हरदम कहता मस्त मेरी जान.
कभी भूले से भी नहीं करता आफिस् की
किसी टेंशन से उसे परेशान.
चाय नाश्ता वो मुझे कराती
और दिन भर का हाल सुनाती,
उसके बाद हंसी खुशी
अपने काम में वो लग जाती,
मैं टी.वी. के सामने बैठ करता
अपने मनपंसद चैनल का रसपान.

डाईनिंग टेबल पर भोजन लगा
वो मुझे प्यार से बुलाती,
क्या–क्या बनाया है आज उसने वो बताती,
पहला निवाला मुंह में ड़ाल
मैं करता वाह–वाह मेरी जान
क्या लजीज बनायी सब्जी तुमने
तुम सबसे बेहतर शेफ हो जान.
वो भी थोड़ा इतराती,
अपनी पाक–कला के रहस्य बताती
और मैं रोज दावत उड़ाता श्रीमान
पत्नी को खुश रखना है इतना ही आसान
दो शब्द तो बोलो प्यार से उसको,
वो दे देगी अपनी जान....

4. Autonomy Trap - 'आटोनॉमी ट्रैप':: अर्थात मेरी स्वायतता अथवा मेरी मर्जी

आपकी खुशहाल जिंदगी में एक बहुत बड़ा रोड़ा आपकी यह सोच भी हो सकती है कि हमेशा मेरी मर्जी ही चले, सब मेरी बात माने, मैं ही हमेशा सही हूं बाकि सब गलत, इत्यादि. हर व्यक्ति को अपनी आजादी पंसद है और होनी भी चाहिये पर कभी–कभी हम यह मान लेते हैं कि दुनिया का सारा ज्ञान सिर्फ हमारे पास ही है और हर उस छोटी–बड़ी बात को दिल से लगा लेते हैं जब दूसरे ने हमारी नहीं सुनी.

प्रतिक्रियात्मक स्वायतता से तात्पर्य दूसरे व्यक्ति का बिना उसकी बात को सुने और समझे उसका विरोध करने से है क्योंकि इसमें आपको अपनी स्वयतता का

हनन् नजर आता है जो ना सिर्फ आपकी प्रसन्नता पर कुठाराघात है अपितु दूसरे के लिये भी बेवजह दुख का कारण बन सकता है. हमारा समाज मुख्यतया पुरूष प्रधान समाज है और आज भी कई परिवारों में पुरूषों की यही 'स्वायतता' दुख और क्लेश का मुख्य कारण है. अपनी स्वतंत्रता का आनंद लीजिये परन्तु यह भी याद रखिये दूसरे को भी अपनी स्वयतता पंसद है. पुरानी कहावत है कि अगर आप किसी की तरफ एक उंगली उठाते हैं तो बाकी चार आप ही की तरफ होती हैं, अतः '**दोषारोपण**' से बचिये और इस कविता का आंनद लीजियेः

वर्षों पहले मैंने एक कहानी पढ़ी थी
ना सिर्फ छू गयी थी मन को
उसने मेरी दुनिया ही बदल दी थी.

बात कुछ इस प्रकार थी
एक दंपति को वर्षो बाद
हुई पुत्र रत्न की प्राप्ति थी.
दोनों की आंख का तारा था
बच्चा वो बड़ा प्यारा था,
देखते ही देखते वह दो वर्ष का हो गया
हर्ष और उल्लास मय था जीवन हो गया.

एक दिन कार्यालय जाते समय
पति ने एक दवाई की बोतल
मेज पर खुली पड़ी देखी,
जाते–जाते पत्नी को बोल गये
कि वो इसे संभाल कर रख देंगी.

पत्नी घर के काम में हो मशगूल
बोतल हटाना गयी भूल
खेलते–खेलते बच्चे की नजर
उस बोतल पर पड़ गयी.

हो उसके रंग से प्रभावित
बच्चे ने बोतल उठा ली
लगा ली मुंह से और सारी खाली कर डाली,
वो बड़ों की दवा थी
थोड़ी–थोड़ी जहरीली थी
बच्चे की तबियत गयी बिगड़,
अस्पताल तक पहुंचते–पहुंचते उनकी
दुनिया थी गयी उजड़.

पतिदेव दौड़ते–दौड़ते अस्पताल आये
अपने लाल को देखा और पत्नी को
होले से सिर्फ चार शब्द बोले
जानते हैं वो चार शब्द क्या थे?
आई लव यू डार्लिगं...........
पत्नी हैरान थी !!!
क्योंकि वो उनके इस व्यवहार से अन्जान थी
वे बोले, जो होना था हो गया
हम दोनों का लाल गया,
अब एक दूसरे पर दोषारोपण से क्या मिलेगा
हमारा लाल तो अब
हमको वापिस नहीं मिलेगा
जीवन तो अब बस

एक–दूसरे के सहारे ही कटेगा.

अगर देखें तो गलती दोनों की समान थी
पति को चाहिये था
बोतल को तुंरत वहां से हटा देना
पत्नी का भी फर्ज था
बोतल को संभाल लेना,
पर हम हमेशा दूसरों पर उंगली उठाते हैं
और बेकार तनाव और क्लेश फैलाते हैं.

5. Name-Fame-PositionTrap

'नेम–फेम–पोजीशन् ट्रैप' :: अर्थात आपको अपनी प्रसिध्दी और पद अथवा पदवी की चिन्ता

कुछ दिनों पहले एक दुखद घटना के बारे में पढ़ा, एक लड़की ने सिर्फ इसीलिये आत्महत्या कर ली कि उसको टिक–टॉक वीडियोज् पर लाइक मिलने काफी कम हो गये थे. माना यह कष्ट की अतिश्योक्ति लगे परन्तु यह सच है कि बहुत से लोग सिर्फ इसीलिये दुखी हैं कि अब उनको कोई नहीं पूछता जबकि पहले दिन भर लोग आगे–पीछे भागते रहते थे.

हमारे एक निदेशक अपने अधीनस्थों से हमेशा बहुत ही बुरा बर्ताव करते थे जैसे सबके सामने दूसरों को नीचा दिखाना, जरा–जरा सी बात पर फटकारना, आदि. सौभाग्यवश मेरे संबध उनसे काफी मधुर थे इसीलिये एक दिन मैंने हिम्मत करके उनसे कह ही दिया कि सर, आपके रिटायरमेंट में चंद महीने ही बाकी हैं, यह सब कम कीजिये नही तो बाद में अपने ही कार्यालय आने को तरस जायेगें जब कोई नमस्ते भी नहीं करेगा.

परन्तु पद का नशा उन पर हावी था और उन्होनें मेरी सुनी अनसुनी कर दी. विश्वास कीजिये, रिटायरमेंट के बाद यू तो उनका अपना निजी आवास कार्यालय के पास ही है परन्तु वे एक दिन के लिये भी कार्यालय नहीं आये. उन्हें मालूम था कि कोई उनको एक गिलास पानी नहीं पूछेगा. अब उनको अपने छोटे से कार्यालयीन कार्य के लिये भी किसी से अनुरोध करना पड़ता है और ऐसे लोग भी कम ही हैं जो उनकी सहायता करने को तत्पर हों. ऐसे में भला क्या वे शेष जीवन खुशी से बिता पायेगें!

मित्रों, नाम शोहरत और पदवी हमेशा नहीं रहने वाली क्योंकि बदलाव जीवन का नियम है अतः अपनी प्रसन्नता को इन सब से मत जोड़िये यह सब आपको तत्कालीन खुशी तो दे सकता है पर समय के साथ इनके जाने पर यही आपके दुख का कारण बन जायेगा.

6. Equity – Unfairness Trap **'इक्वीटी – अनफेयरनेस ट्रैप' :: अर्थात मेरे साथ ही अन्याय क्यों हुआ**

हमने अपने संस्थान में 'साइंस आफ हैप्पीनेस' प्रोग्राम के दौरान प्रतिभागियों को एक प्रश्नावली दी और उनसे कहा कि इस प्रश्नावली को वे भर कर हमें तुरन्त वापिस करें. इस प्रश्नावली में वह सब प्रश्न थे जिससे यह पता लगे कि उनकी प्रसन्नता में उपरोक्त में से कौन सा कारण सबसे बड़ा बाधक है. प्रबुध्द प्रतिभागियों में भी सबसे ज्यादा लोगों की अप्रसन्नता का सबसे बड़ा कारण यही था कि **'ऐसा मेरे साथ ही**

क्यों'. चाहे वो प्रोमोशन की बात हो, मैं सबसे ज्यादा काम करता हूं और इस पदोन्नती के लिये सबसे योग्य था फिर मेरे साथ ही अन्याय क्यों अथवा दुनिया में इतने लोग हैं पर मुझे या मेरे परिवार में ही कैंसर जैसी भयावह बीमारी क्यों, अथवा ऐसा ही कोई और कारण.

कल्पना कीजिये कि आपने एक करोड़ की लाटरी का टिकट लिया और आपकी लाटरी सिर्फ एक नम्बर ना मिलने के कारण आपके हाथ से निकल गयी, आप अपने भाग्य को कितना कोसेगें ये मेरे लिये अन्दाजा लगाना भी मुश्किल है जबकि सत्य यह है कि आप लाटरी खरीदते ही रहते हैं और अधिकांश बार आपके हाथ कुछ नहीं लगता परन्तु आपको इतना दुख नहीं होता जो इस बार सिर्फ एक नम्बर ना मिलने की वजह से हुआ कारण 'मेरे साथ ही ऐसा क्यों हुआ या होता है'. लाटरी मिलने से कितनी खुशी मिलती पता नहीं पर नहीं मिलने पर जो दुख हुआ वो आपको काफी समय तक सालता रहेगा और आपकी खुशियों को दीमक बन कर चाटता रहेगा.

श्रीमान बर्टरेन्ड रसल की 1930 में प्रकाशित पुस्तक 'दी क्नक्वसट् ऑफ हैप्पीनेस' में वर्णित अप्रसन्नता के सभी कारण आज भी उतने ही प्रांसगिक है जितने उस काल में थे जैसे अर्थहीन जिन्दगी, एक–दूसरे से आगे निकलने की होड़, बोरियत भरा जीवन अथवा जीवन शैली, ईर्ष्या, अपराध और शर्म, उत्पीड़न, उन्माद और सबसे बड़ा ये डर की लोग क्या कहेंगें.

हम आने वाली कड़ियों में इन कारणों और उनके निवारण पर चर्चा करेगें तब तक के लिये एक बार फिर यह जान लीजिये कि आपकी खुशियों की चाबी सिर्फ और सिर्फ आपके पास है इसीलिये अगर सच में खुश रहना चाहते हैं तो ठान लीजिये आज से आप वही करेगें जो आपको खुशी देता है और इस चिन्ता से मुक्त हो जायेंगे कि '**लोग क्या कहेंगे**':

एक दिन देर शाम जब थक–हार घर पहुंचा
पत्नी ने बाजार से लाने वाली चीजों की
लम्बी–चौड़ी लिस्ट थमा दी,
मैंने बोला तुम्हें फिर कुछ याद आ जायेगा
बेहतर होगा साथ चलो सब काम हो जायेगा.

वे बोली बाजार जानें को
मुझे तैयार होना पड़ेगा
कपड़े बदलने होंगें इस सब में समय लगेगा
मैंने पूछा क्यों इन कपड़ों में क्या कमी है,
शक्ल सूरत भी तुम्हारी है ठीक–ठाक
बस पास ही तो है जाना
मैकअप की तुम्हें क्या पड़ी है.

वे बोलीं, अगर ऐसे ही चली तो
लोग क्या कहेंगें...
मैं बोला, तुम चाहती हो कि लोग
तुम्हें देखें और सराहें
करें तुम्हारी तारीफ और प्रंशसा के गुण गायें
पर हम जब बाजार में किसी पर–स्त्री पर
नजर उठा कर भी देखें

तो तुम्हारी गाली खायें.

अगर तुम्हारा सजना–सवंरना है जरूरी
तो हमारा भी तुम लोगों को देख
आहें भरना होगा मजबूरी,
अगर दो तुम मुझे भी
दूसरों को देखने की इजाजत
तो तुम्हारी सजने सवंरने की देरी
मुझे मंजूर होगी.
वे तुरन्त ऐसे ही चलने को तैयार हो गयी
लोग क्या कहेंगे की चिन्ता से मुक्त हो गयी.

जो आपको हो पसन्द वही काम कीजिये
लोग क्या कहेंगें इसकी चिन्ता छोड़ दीजिये
सब के पास अपनी ही चिन्ताओं की
लम्बी–चौड़ी लिस्ट पड़ी है
फिर आपकी चिन्ता करने की उन्हें क्या पड़ी है.

4. कृतज्ञता

मित्रों, खुशियाँ और आंनद की इस तीसरी कड़ी में हम 'हयूमेन् **ट्रैप**' में वर्णित हमारी खुशियों पर ड़ाका डालने वाले कारणों से कैसे छुटकारा पाया जाये, इस विषय पर चर्चा करेगें. यू ंतो हम आन्तरिक खुशी अर्थात आंनद की बात कर रहें हैं पर यह जानना आवश्यक है कि हमें पहले जीवन की मूलभूत आवश्यकताओं की पूर्ति तो करनी ही होगी अर्थात 'रोटी, कपड़ा और मकान'. इसके अलावा भी हमारी अन्य कई आवश्यकताएं हैं जिनके लिये हमें पैसे चाहिये जैसे बच्चों की पढाई, अपने छोटे–बड़े सपने, उत्सव और सामाजिक दायित्व, आदि.

अतः यह तो मानना ही पड़ेगा कि भौतिक आवश्यकताओं की पूर्ति किये बिना आंनद की कल्पना करना मात्र कपोल–कल्पना ही होगी. हमारी सबसे बड़ी चिन्ता का कारण है हमारी रिटायरमेंट के बाद की जिन्दगी, जब हमारी एक्टिव आय अर्थात सैलरी, स्व–व्यवसाय आदि से धन अर्जना बंद हो जायेगी परन्तु हमारी जरूरतें तो यथावत रहेंगी. इस संभावना को सोच कर आप और ड़र जाते हैं कि वृध्दावस्था में बीमारियॉ घेर लेंगी तो उस पर भी पैसा खर्च होगा.

अपने भविष्य की चिन्ता में अपनी आज की खुशियों की आहूति देने से अच्छा है कि हम कल के लिये आज से ही योजना बनाये. आपके कल को सुरक्षित रखने के लिये मैंनें एक पूरी पुस्तक लिख दी "**वेल्थ् एंड वेलबींग्**'. हम थोड़ी चर्चा इस विषय में भी अगली कड़ियों में अवश्य करेंगें.

सबसे बड़ी विड़म्बना यह है कि दुनिया के आधे से ज्यादा लोग इसीलिये दुखी नहीं हैं कि उनके पास अपनी भौतिक आवश्यकताओं की पूर्ति हेतु पर्याप्त धन नहीं हैं परन्तु **'निन्यावने के फेर'** में पड़कर सब कुछ होते हुए भी दुखी हैं. आगे बढ़ने से पहले निन्यावने का फेर नामक इस कहानी को जान लीजिये.

एक गांव में एक जमींदार था उसके पास सबकुछ था जैसे बड़ी सी कोठी, बहुत सारी जमीन, धन–दौलत, घर में नौकर–चाकर आदि परन्तु फिर भी वह खुश नहीं था और उसके दुख का सबसे बड़ा कारण उसकी कोठी से कुछ दूर पर ही झोंपड़ी में रहने वाले एक निर्धन किसान दंपति थे क्योंकि जब भी वह वहां से गुजरता उनकी झोंपड़ी से हंसने, खिलखिलाने और गाने–बजाने की आवाज आती रहती. वो जब भी जमींदार को देखते सदैव हाथ जोड़ और मुस्करा कर उसका अभिवादन करते.

जमींदार को यह बात बड़ी नागवार गुजरती कि मेरे पास सबकुछ है फिर भी मैं कभी इतना खुश नहीं रहता और मुझे हजार चिन्ताएं सदैव सताती रहती हैं परन्तु इनके पास तो कुछ भी नहीं है, रूखी–सूखी रोटी खाते हैं और झोंपड़ी में रहते हैं फिर भी इतने प्रसन्न कैसे रह सकते हैं? जमींदार ने एक दिन अपनी यह चिन्ता अपने मुनीम को बताई. मुनीम जी समझदार थे वो जमींदार की चिन्ता का कारण समझ गये. उन्होनें जमींदार से कहा कि मुझे 99 सोने की अशर्फियां एक मखमल की थैली में ड़ालकर दे दीजिये, मैं आपकी चिन्ता सदैव के लिये दूर कर दूंगा. जमींदार ने खुशी–खुशी निन्यावने सोने की अशर्फियों से भरी

थैली मुनीम जी को इस वायदे के साथ दे दी कि वे उनके कष्ट का निवारण अवश्य ही कर देगें.

मुनीम जी देर रात निन्यावने अशर्फियों से भरी उस थैली को किसान की झोंपडी में फेंक आये. सुबह जब किसान की पत्नी उठ कर बाहर आयी तो उसकी नज़र उस थैली पर पड़ी. उसने उसे खोल कर देखा तो उसकी आंखें फटी रह गयी क्योंकि उसमें सोने की अशर्फियां जो भरी थी. उसने तुरन्त किसान का उठाया और उसके हाथ में थैली यह कह कर थमा दी कि भगवान ने शायद यह हमको भेजी है. अब दोनों ने मिलकर अशर्फियों को गिना तो वे निन्यावने निकली. उन्होनें एक बार उन अशर्फियों को फिर गिना पर वे तो निन्यावने ही थी. अब दोनों थोडे मायूस हो गये कि अगर भगवान ने देनी ही थी तो पूरी सौ दे देते, एक अशर्फी कम क्यों दी? किसान ने अपनी पत्नी से कहा कि चलो हम ज्यादा मेहनत करके और थोड़ी–थोड़ी बचत करके एक अशर्फी और जमा कर लेंगे ताकि हमारे पास पूरी सौ सोने की अशर्फियां हो जायें.

अब किसान जल्दी उठकर बिना नाश्ता किये ही काम पर जाने लगा, शाम को भी अब अगर उसकी पत्नी खाने में दाल के साथ सब्जी बना देती तो दोनों में तकरार हो जाती कि मैं दिन भर मेहनत करके पैसा जमा करने की कोशिश कर रहा हूं और तुम उसे बर्बाद कर रही हो. अब शाम को गीत–संगीत की जगह उनकी झोंपड़ी से अक्सर तकरार की आवाजें आनी लगीं जो जमींदार आते–जाते सुनता रहता था. फिर कभी जमींदार ने उस किसान दंपति को खुश नहीं देखा क्योंकि उस एक अशर्फी को जमा करने के

चक्कर में दोनों ने अपनी सारी खुशियों को दांव पर लगा दिया था. तभी से **'निन्यावने का फेर'** नामक उक्ति का जन्म हुआ, जरा अपने अन्दर झांकिये कि कहीं आप भी तो इस फेर में पड़कर अपनी खुशियों को स्वाहा नहीं कर रहे.

इस चर्चा को आगे बढ़ाने से पहले विशेषज्ञों द्वारा सुझाये उन उपायों पर नजर डाल लेते हैं जो हमारी **'हयूमेन ट्रैप'** जैसी बेड़ियों से हमें मुक्त कराकर हमें आंनदित जीवन की ओर अग्रसरित कर सकती हैं. विशेषज्ञों के अनुसार निम्न सात विधियों द्वारा आप अपनी खुशियों में बाधक सभी प्रकार की बाधाओं से हमेशा के लिये मुक्ति पा सकते हैं:–

1. मृदु व्यवहार रखें
2. भावनाओं को नियंत्रित रखें
3. अपने शरीर का ध्यान रखें
4. रिश्तों में मिठास भरें
5. अपने कार्यों से सार्थक योगदान करें
6. नियती पर भरोसा रखें
7. घ्यान और साधना करें

आज पांच दशक से ज्यादा बीत जाने के बाद भी मुझे अपनी अंग्रेजी टीचर की वो बात अच्छी तरह याद है जो उन्होनें 'ऑन सेइंग प्लीज' नामक एक चेप्टर पढ़ाते समय कही थी कि 'कर्टसी कास्ट नथिंग बट एड चार्म टू लाइफ' अर्थात **शिष्टाचार का कोई मोल नहीं है पर यह जीवन में आंनद भर देता है** और हमें समझाया था कि **'सॉरी, प्लीज और थेंक यू'** ये वो तीन जादुई शब्द हैं जो आपकी जिन्दगी को हमेशा खुशहाल रखेगें अतः

इनका इस्तेमाल करने से कभी परहेज ना करना. विश्वास जानिये, मैंने इन शब्दों का दिल खोल कर इस्तेमाल किया है और गर्व के साथ कहता हूं कि सबका प्यार बटोरा है.

सबसे पहले तो उपरवाले के शुक्रगुजार रहिये कि आपके पास रहने के लिये घर है, खाने के लिये खाना है और पहनने के लिये कपड़े हैं जो आज भी बहुतों के पास नहीं हैं. आपको इस स्तर तक पहुंचाने में बहुत से लोगों का हाथ है चाहे वे आपके माता–पिता, भाई–बहन, गुरूजन, अन्य रिश्तेदार और दोस्त हों. उनको याद कीजिये और उनका आभार प्रकट कीजिये नाकि यही रोना रोते रहिये कि किसी ने आपके लिये कुछ नहीं किया और आज जो आप हैं अपनी मेहनत से हैं.

एक आसान तरीका आपको बताता हूं जो आपकी खुशी को आनंद की चरम सीमा तक पहुंचा देगा बस आपको इसे ईमानदारी से करना है. अपने जीवन की **'बेंलस शीट'** बनाईये अर्थात एक कागज लीजिये और दांयी और उन सब लोगों के नाम लिखिये जिन्होनें जीवन में आपकी कभी ना कभी सहायता की. फिर चाहे वो आपके दादा–दादी, नाना–नानी, माता–पिता, भाई बहन, चाचा–मामा, गुरूजन, मित्र या कोई भी अन्य हो. ध्यान रहे कोई भी नाम छूटना नहीं चाहिये. अब बांई और उन लोगों के नाम लिखिये जिनके लिये आपने कुछ ना कुछ योगदान अवश्य किया हो.

विश्वास कीजिये, दांयी ओर की लिस्ट ज्यादा ही लम्बी होगी. अगर वे लोग जिनके आप कृतज्ञ हैं जीवित हैं

तो उनसे बात कर एक बार उन्हें सिर्फ इतना कहिये कि **'आपने जो मेरे लिये किया मैं उसके लिये आपका दिल से आभारी हूं'** और जो नहीं हैं उनको भी मन में याद करके उनका आभार प्रकट कीजिये. करके तो देखिये, आपको जो प्रसन्नता होगी उसको मैं बता नहीं सकता बस आप उसे महसूस कर सकते हैं. मेरा दावा है कि यह कार्य आपको आंनद ही आंनद देगा.

हमारे दुखों का एक बहुत बड़ा कारण यह है कि हम उन लोगों के प्रति मन में द्वेष पाले रखते हैं जिन्होनें कभी जाने या अनजाने हमें आहत किया. बस यही सोचकर की आप भी इन्सान हैं और आप से भी कई गलतियॉ हुई होंगी और अगर दूसरों ने आपको क्षमा कर दिया फिर आप क्यों द्वेष पाले बैठे हैं आप भी सब भूल जाईये. अगर खुशियों को दुगुना करना चाहते हैं तो अपने उस मित्र अथवा संबधी को मिलकर उससे हाथ मिलाईये और बोलिये कि मैं सब पुरानी बातें भूल गया. उनको तो खुशी मिलेगी ही परन्तु आपको आनंद मिलेगा, यह मेरा दावा है.

मेरा अनुभव कहता है कि आपका व्यवहार ही आपकी वास्तविक खुशियों की तिजोरी की वो चाबी है जो आपको परम आंनद का अनुभव दिन के 24 घंटें और आजीवन करा सकती है. जरा इसका इस्तेमाल तो करके देखिये. करना ये है कि जब भी किसी से मिलें तो चहेरे पर मुस्कान रखें, प्यार से उसकी कुशल–क्षेम पूछें, आंखों में आंखे ड़ालकर बात करें और हर परिस्थिति में अपनी आवाज और शब्दों पर नियंत्रण रखें. गाहे–बगाहे 'सॉरी', 'प्लीज' और 'थेंक यू' शब्दों का इस्तेमाल करते रहें फिर चाहे यह शब्द घर पर

आप अपनी पत्नी और बच्चों से ही क्यों ना कहें अथवा कार्यालय में अपने अधीनस्थों से. आपके बॉस को मैंने छोड़ दिया क्योंकि उनको तो आप अक्सर ये शब्द कहते ही रहते हैं. मेरी माता जी अक्सर कहती रहती थी **'नींवा हो के चल कि बन्दया निवायां नू रब मिलदा'** अर्थात अगर आप अपना अहम् त्याग दें तो आप अपने ईश को भी प्राप्त कर सकते हैं.

अभी हाल ही में कुछ बेहद ही संवेदनशील विडियो देखे जैसे एक दिव्यांग युवती अपनी सीट एक बुजुर्ग को दे देती है जबकि उसे अभी कई घंटे सफर में बिताने है. एक अन्य विडियो में एक लिफ्ट ओवरलोड़ हो जाती है परन्तु कोई बाहर निकलने को तैयार नहीं, बस सब एक दूसरे को देख रहे हैं, तभी एक दिव्यांग युवती जो सबसे पीछे खड़ी थी अपनी बैसाखियों के सहारे चलते लिफ्ट से बाहर निकल आती है और लिफ्ट का दरवाजा बन्द हो जाता है. मेरा दावा है कि हम में से अधिकांश लोगों की आंखे इन विडियोज़ को देखकर नम अवश्य ही हो गयी होंगी वो सिर्फ इसीलिये कि हम मन से संवेदनशील हैं बस हमें इस संवेदनशीलता को लोगों में बांटने की आवश्यकता है.

आपकी प्रसन्नता को चिर स्थायी बनाये रखने के लिये अन्य उपाय जिनका मैंने उपर जिक्र किया है, उन पर चर्चा हम अगली कड़ी में करेंगें. तब तक के लिये सबसे हंस कर मिलते रहिये और हाय–हैल्लो करते रहिये और '**हाय–हैल्लो का चमत्कार** जान लीजिये:

एक दिन फेक्टरी का एक कर्मचारी
फ्रीजर रूम में फंस गया,

हो गया था छुट्टी का समय
बाकी हर कर्मी अपने–अपने घर गया,
ठंड से मरने के कगार पर ही था वो,
कि उसने फ्रीजर रूम का
दरवाज़ा खुलने की आवाज सुनी,
उसे लगा जैसे भगवान ने
उसकी फरियाद सुनी.
उसने ललचायी आंखों से
दरवाजे की ओर देखा,
तभी फेक्टरी का दरबान उसे नज़र आया.

कुछ देर बाद जब उस कर्मी को होश आया,
उसने दरबान से पूछा
तुम्हें मेरा ध्यान कैसे आया,
तुम तो कभी फेक्ट्री के अंदर ना आते हो,
गेट पर ही अपनी डयूटी
पूरी मुस्तेदी से निभाते हो.
वह बोला, इस फेक्टरी में सैंकडों लोग
रोज़ आते–जाते हैं,
अधिकांश तो मेरे वजूद को ही नकारते हैं,
एक तुम हो जो रोज़ सुबह
मुझे 'हेल्लो' करके अन्दर आते हो,
बिना नागा मुझे 'बॉय' कर
कल फिर मिलने की कह कर जाते हो.

आज सुबह की हाय–हेल्लो भी मुझे याद थी,
शाम को फिर तुमसे मिलने की आस थी,

पर सबके जाने के बाद भी
जब तुम्हें ना आते पाया,
तो मेरा मन थोड़ा घबराया,
मुझे लगा कोई तो बात है
शायद तुम्हें मेरी दरकार है,
इसीलिये तुम्हें ढूंढने मैं
फेक्टरी के अन्दर चला आया
पाया तुम्हें इस हालत में तो
किये कई जतन और तुम्हें बचाया.

मित्रों, हाय–हेल्लो की ताकत को पहचानाईये,
छोटे–बड़े सभी को
अपनापन देने की आदत डालिये,
यह प्यार और अपनापन
ना जाने कब आपके काम आ जाये,
ना भी आये तो किसी के मन में आपके लिये,
इतनी इज्जत और सम्मान तो
अवश्य ही भर जाये,
कि वो दुख सुख में वह आपको याद करे
और सदैव आपसे प्यार करे.

5. जो हुआ अच्छा ही हुआ

खुशियाँ और आंनद की इस चौथी कड़ी में हमारा प्रयास है कि हम हर उस उपाय को जाने और अपनायें जो हमारी प्रसन्नता को चिर स्थायी और हमारे जीवन को खुशहाल बनाने में सहायक हो सकता हैं. आज ही सुबह एक वाट्स अप मैसेज पढ़ा कि **'इन्सान अपनी शक्ल–सूरत से 10 गुना अधिक आर्कषक अपने दयालुता, प्रेम, आदर, सच्चाई और ईमानदारी के गुणों द्वारा लगता है'.** सच ही है दोस्तों, ये वो आभूषण हैं जो आपके व्यक्तित्व में चार चांद लगा देते हैं.

लेकिन यह भी तो सच है कि दस गुना करने के लिये पहले एक तो चाहिये अर्थात **'आप'.** मेरी पत्नी अक्सर कहती रहती है कि अगर सबको प्यार करना चाहते हो तो सबसे पहले **'अपने आप को प्यार करो'** अर्थात अपना ख्याल रखो. हमें शक्ल–सूरत और शरीर भगवान ने दिया है पर उसे संभाल कर और संवार कर रखने का काम हमारा है. सब जानते हैं कि तन और मन का गहरा संबध है, अगर तन स्वस्थ होगा तो मन प्रसन्न होगा और जब मन प्रसन्न होगा तो तन स्वंय ही स्वस्थ रहेगा. तन को स्वस्थ रखना बेहद आसान है अगर आप अपने जीवन को अनुशासित बना लें अर्थात अपने खाने–पीने, सोने और व्यायाम का एक निश्चित समय रखें. जो खायें प्रसन्नता पूर्वक खायें फिर देखें कि कद्दू की सब्जी भी आपको कितनी स्वादिष्ट लगती है. सोने के लिये कम से कम सात से आठ घंटे की नींद आवश्यक है और वह भी एक निशचित समय

पर. हम बचपन से सुनते आयें हैं कि **'अरली टू बेड़ अरली टू राइज, मैक्स ए मेन हेल्दी, वेल्दी एंड वाइस'.**

अब यह मै आप पर छोड़ देता हूं कि आपको सेहतमंद, धनवान और अक्लमंद बनना है कि नहीं? प्रश्न यह है की इसका आपके आंनद से क्या लेना–देना तो मित्रों यह जान लीजिये कि ये वो तीन अनमोल उपहार हैं जो आपके चिर–यौवन और आंनद मयी जीवन की पक्की गांरटी हैं.

जहां तक व्यायाम का प्रश्न है उसके लिये सबसे आसान और बिना खर्च का तरीका है सुबह अथवा शाम को सिर्फ तीस मिनट की सैर. एक व्याख्यान के दौरान डाक्टर त्रेहन् जो हमारे देश के सुप्रसिध्द हृदयरोग विशेषज्ञ हैं, उन्होनें बताया था कि तीस मिनट से अधिक एक ही स्थान पर बैठना हृदय के लिये बहुत ही नुकसान देय है अतः तीस मिनट के अंतराल के बाद अगर संभव हो तो एक मिनट के लिये चहलकदमी कर लें और अगर किसी मीटिंग में हैं तो टांगों को सीधा करके पैरों की उंगलियों को ही चला लें.

शरीर के व्यायाम के साथ–साथ मस्तिष्क का व्यायाम भी अति आवश्यक है, अतः अपने मस्तिष्क को जहां तक संभव हो काम पर लगा कर रखिये. अपने दैनिक कार्यों के साथ–साथ कुछ समय सिर्फ अपने लिये भी निकालने का प्रयास करें, कुछ नया सोचें, नया करें और अथवा कोई अच्छा सा शौक ही पाल लें जैसे बागवानी, चित्रकला, लेखन, आदि. वृध्दावस्था में अगर **'अल्जाईमर'** से बचना है तो दिमागी कसरत भी जरूरी

है जैसे शब्द पहेली, सूड़ोकू अथवा ऐसा ही कोई दिमागी खेल. हम पति–पत्नी रोजाना सोने से पहले एक घंटा मिल कर सुडोकू खेलते हैं, क्योंकि एक ही गेम दोनों एक साथ खेलते हैं, इसीलिये थोड़ी तकरार भी करते हैं, लक्ष्य यही होता है कि कम से कम समय में बिना कोई गल्ती के गेम पूरा करें. इससे दो बातें होती हैं एक दिमागी कसरत होती है और दूसरा हम एक दूसरे के साथ समय बिताते हैं अन्यथा दिन भर मैं अपने कामों में व्यस्त रहता हूं और पत्नी घर के काम–काज और बच्चों के साथ व्यस्त रहती है. विश्वास कीजिये पति–पत्नी का एक दूसरे के साथ बिताया यह समय हमें उर्जा से भर देता है और आनंदित मन हमें नींद के आगोश में ढकेल देता है.

आपका स्वस्थ मस्तिष्क आपको नकारात्मक विचारों से बचा कर रखने में भी मदद करेगा. एक अध्ययन के अनुसार व्यक्ति को दिन भर में लगभग 60 हजार विचार आते हैं और विडम्बना यह है कि इनमें से अधिकांश नकारात्मक होते हैं. आवश्यकता सिर्फ इस बात की है कि इन नकारात्मक विचारों को आप ज्यादा देर तक अपने पास ना रहने दें. खुशी यूं तो सिर्फ एक अनुभूति है परन्तु इस अनुभूति के असर से ही आपके शरीर में कुछ ऐसी रसायनिक प्रकियाएं होती हैं जो आपको आंनद का अनुभव कराती हैं. आजकल हमारे देश में भी **'लाफ्टर क्लब्'** का चलन काफी प्रचलित हो चला है, हमारे अपार्टमेंट में भी कुछ लोग सुबह हल्के–फुल्के व्यायाम के बाद कुछ समय तक जोर–जोर से हंसते हैं और चूंकि उनमें से कई लोग मुझे अपार्टमेंट में आते–जाते मिलते रहते हैं, विश्वास

मानिये, वे सभी हंसमुख और मिलनसार हैं, शायद यह उस रसायनिक प्रकिया का असर है जिसकी उर्जा वह सुबह–सवेरे खुलकर हंस के अर्जित करते हैं.

आपकी प्रसन्नता को सौ गुना करने में एक ओर बहुत बड़ा सहायक है आपके '**संबधों की प्रगाढ़ता**'. फिर चाहे वह परिवार के सदस्य हों अथवा मित्रगण ही. सबंधों में गर्मी बनाये रखने का एक आसान सा रास्ता है कि आप गाहे–बगाहे अपनी भावनाओं को शब्दों में प्रकट करते रहें. शुरूआत माता–पिता एवं परिवार के बड़ो से ही करते हैं, जब आप छोटे थे तब हरदम उनसे चिपके रहते थे, प्यार करते थे और प्यार पाते थे और आज, जरा याद कीजिये आपने अपनी मॉ को आखिरी बार **'आई लव यू मॉ'** कब कहा था और यही बात आपके घर के बाकी बड़ों के लिये भी लागू होती है. माना कि आप उनसे बहुत प्यार करते हैं और उनका बहुत आदर भी करते हैं पर जरा इस सब को अपने मुख से बोल के तो देखिये, ये आपके अपनों को जितनी खुशी देगीं उससे ज्यादा आपको आंनद देंगी. पति–पत्नी के संबधों में आ रही रिक्तता का एक मुख्य कारण यह संवाद–हीनता ही है और इसी कारण एक छत के नीचे रहते हुए भी बहुत से पति–पत्नी आज मन से बहुत दूर हो गये हैं.

मैंने संकाय सदस्य के रूप में लगभग एक दशक बिताया है और इस दौरान अपनी कंपनी के वरिष्ठ प्रबंधकों को बहुत से विषयों पर बताया है. एक दिन इसी तरह के एक गंभीर सेशन के दौरान बात निकली कि अगर हमें अपने कार्य के बारे में और उसके सही

ढंग से निष्पादन के बारे में सही जानकारी होगी तो हम कुशलतापूर्वक कार्य पूर्ण करके समय पर घर जा सकते हैं. तभी एक वरिष्ठ प्रबंधक जिनकी उम्र लगभग 50 वर्ष होगी, धीरे से बोले कि **'जल्दी घर जाना कौन चाहता है'**? मैंने सुन कर भी अनसुना करने की कोशिश की परन्तु तभी एक और सज्जन बोल पड़े कि शर्मा जी बिल्कुल सही बोल रहे हैं. अब सबके चहेरे पर मुस्कान थी और मुझे भी लगा कि अब मुझे इस विषय पर भी चर्चा करनी ही पड़ेगी. मैने भी बहुत प्यार से शर्मा जी से पूछ लिया कि आपके विवाह को कितने वर्ष हो गये? वे बोले 22 वर्ष, मैंने पूछा बच्चे, वे बोले दो, एक लड़का और एक लड़की और दोनों ही बहुत होशियार और यह बोलते समय उनके चहेरे पर गर्व की रेखा नजर आ रही थी. मैने कहा, इतने प्यारे होनहार बच्चे हैं, आप सारा दिन ऑफिस में रहते हैं उनकी देखभाल कौन करता है, वे बोले उनकी मॉ. मैने कहा अर्थात आपकी पत्नी और वे घर कैसा संभालती हैं, वे बोले टिप्–टाप् और साथ ही कहा कि सब बढ़िया है पर छोटी–छोटी बातों पर तकरार बहुत होती है. मैंने अब उनसे इजाजत लेकर उनसे और साथ ही दास साहब से जो उनकी बड़ी तरफदारी कर रहे थे पूछ ही लिया कि आपने आखिरी बार अपनी पत्नी को **'आई लव यू'** कब कहा था. क्लास में ठहाका फूट गया, मैंने फिर कहा कि भाई लोगों अपनी पत्नी से आई लव यू कहने को ही पूछ रहा हूं किसी दूसरी को नहीं. शर्मा जी तमककर बोले, आपने आखिरी बार कब कहा था. मैंने हंस कर कहा, आज सवेरे. इसमें याद रखने वाली बात ही नहीं क्योंकि अपने 40 वर्षों के

वैवाहिक जीवन में यह बात अच्छी तरह समझ आ गयी कि सुबह भगवान को नमन् करने के बाद अपनी भाग्यवान को आई लव यू कहने से पूरा दिन बहुत अच्छे से गुजरता है.

अब सब एक दूसरे से पूछने लगे तो मैंने सलाह दी कि इस कक्षा में 24 प्रतिभागी हैं, अगर सभी एक–एक करके बतायें तो सबको आसानी होगी. नतीजा ये था कि ऐसे कुछ ही थे जिन्होनें दो–चार दिन पहले ये जादुई शब्द अपनी पत्नी को कहे थे. बाकी तो मैरिज एनीवर्सरी, जन्मदिन या अन्य ऐसे मौकों को ही याद कर रहे थे. मैने फिर एक बार सलाह दी कि मेरी तरकीब आजमा के तो देखें. कई प्रतिभागियों ने कहा कि इतने सालों बाद अचानक ये सब कहा तो पत्नी कहीं उल्टा ही ना समझ ले. बात सही थी इसीलिये मैंने कहा, पहले अपने प्यार का इजहार छोटी–मोटी गिफट् अथवा मीठी बातों से शुरू करें फिर एक बार 'आई लव यू' का दौर शुरू हो जाये तो इसको कभी बंद ना होने दें.

लगभग दो महीने बाद एक दिन रात को आठ बजे के करीब एक अन्जान नम्बर से फोन आया, उठाया तो वे सज्जन बोले कि मैं संयत्र से शर्मा बोल रहा हूं, आपको धन्यवाद देने के लिये फोन किया है, आपने तो मेरी जिन्दगी ही बदल दी. अब मुझे याद आया कि ये कौन से शर्मा जी हैं. तभी से मैने सोच लिया कि पति–पत्नी के संबधों में सजीवता बनाये रखने के लिये यह मंत्र मैं सबको बताउंगा. रिश्तों में सरसता बनाये रखने के लिये एक दूसरे के मन का दरवाजा

खड़खड़ाते रहिये, जिसका आसान सा तरीका है संवाद बनाये रखिये.

प्रसन्न रहने और प्रसन्नता बांटने का एक और साधारण सा मंत्र है कि जो भी कार्य करिये, मन लगा के करिये, अपना सर्वश्रेष्ठ देने का सदैव प्रयास कीजिये. एप्पल नामक कम्पनी के संस्थापक स्टीव जॉब की कही एक बात याद आ गयी कि **'वो करिये जो आपको पंसद है अथवा जो कर रहे हैं उसे पंसद कीजिये'**. बस खुशहाल जीवन का यही मूल मंत्र है कि जो भी कार्य आप कर रहे हैं उसे प्रसन्नचित्त हो कर करिये और उस काम को इतनी तनम्यता से यह सोच कर करिये कि मैं अपने योगदान से किसी का भला कर रहा हूं.

हम सब से अधिक इस बात से दुखी होते हैं कि मेरे साथ ही ऐसा क्यों हुआ, मुझे ही चोट क्यों लगी या मुझसे मेरा प्रियजन क्यों छिन गया, आदि. मुझे याद है कि जब भी बचपन में हमें कोई छोटी–मोटी चोट लग जाती थी और हम रोया करते थे तो मॉ हंसकर कहा करती थी कि इसमें रोने वाली क्या बात है, भगवान का श्रुक करो कि इतने में ही कोई बुरा ग्रह टल गया अन्यथा ज्यादा भी लग सकती थी. तब तो यह बात समझ नहीं आती थी पर अब सोचता हूं तो लगता है कि **जिन्दगी जीने का यही सही नजरिया है कि नियति पर भरोसा रखो**, बहुत सी ऐसी बातें हैं जिनका किसी के पास भी जवाब मिलना बेहद मुश्किल है. जिन्दगी में कभी कुछ ऐसा भी घटित हो जाता है कि आप पर दुखों का पहाड़ टूट पड़ता है और ऐसे में अपने आप को संभाल कर आगे बढ़ने के लिये जो हिम्मत चाहिये

वो नियति पर भरोसा करके ही पायी जा सकती है. पिताजी बचपन में एक कहानी सुनाया करते थे, जिसका शीर्षक था 'जो हुआ अच्छा ही हुआ'. बचपन में तो यह मात्र एक कहानी ही लगती थी पर जब अपने पर बीती तो समझ में आया कि इसमें तो जीवन जीने का मंत्र छिपा है. अगली कड़ी में हम 'ध्यान और चेतनता' के माध्यम से आनंद प्राप्ति का प्रयास करेगें, तब तक **'जो हुआ अच्छा ही हुआ'** का आंनद लीजिये:

एक राजा को शिकार का बड़ा शौक था
हर सप्ताहांत किसी ना किसी
जंगल में ही उसका ठोर था,
ले छोटी सी सिपाहियों की टुकड़ी
वे शिकार पर निकल जाया करते थे
पर अपने भरोसेमंद वज़ीर को
हमेशा साथ ले जाया करते थे.

एक दिन जब वे जंगल से गुजर रहे थे कि
उनके रथ का पहिया कीचड़ में फंस गया
सिपाही रह गये थे पीछे राजा ने
वज़ीर के साथ मिल रथ निकालने का प्रयत्न किया.
पहिये के नीचे आ
राजा की उंगली कट गयी,
कटी उंगली देख राजा की चीख निकल गयी,
वज़ीर ने दवा–दारू करके उन्हें संभाला,
पर अपनी आदत के अनुसार बोल ड़ाला
राजन् 'जो हुआ अच्छा ही हुआ'

यह सुन राजा का गुस्सा
सातवें आसमान पर जा पहुंचा
वज़ीर को राज्य से बेदखल कर
राजा ने जंगल में ही छोड़ा.
हद तो तब हो गयी जब राजा के मुंह से
देश निकाले की सजा सुन
फिर वज़ीर की जुबान फिसल गयी
राजन्, जो हुआ अच्छा ही हुआ
कहकर उसने पगडंडी पकड़ ली.

कुछ देर सैनिकों की टुकड़ी के साथ
चलने पर राजा की निगाह,
दूर भागते एक हिरन पर पड़ गयी
उनके रथ की स्पीड़ चौगुनी बढ़ गयी,
हिरन तो पकड़ में नहीं आया
पर राजा की राह भटक गयी.

अन्धेरा छाने लगा था,
राजा को भी अब भूख–प्यास और ड़र
सताने लगा था,
तभी कहीं से कोई आवाज आई
तब राजा ने मदद की गुहार लगायी,
वो कोई आदिवासी कबीले के लोग थे,
जो प्रातः होने वाली नरबलि की खोज़ में थे.
उन्होनें राजा को अपने साथ लिया
और अपने कबीले का रूख किया.

इतनी सुन्दर नरबलि देख
कबीले का सरदार बहुत प्रसन्न नजर आया,
राजा का किया उसने सत्कार बहुत
और उन्हें भरपेट भोजन करवाया.

सुबह सवेरे जब नहला–धुला कर उन्हें
बलि के लिये तैयार किया जा रहा था,
कि कबीले के एक आदमी की नज़र
उनकी कटी उंगली पर पड़ गयी
उसकी तो यह देख चीख ही निकल गयी.

वह दौडा–दौड़ा सरदार के पास गया
राजा के अंग–भंग की बात सुन
सरदार का मुंह उतर गया,
राजा के अंग नहीं थे पूरे
इसीलिये वे नरबलि के काबिल नहीं थे.
कबीले के सरदार ने इशारों–इशारों में
राजा से उनका पता पूछा
आदर–सत्कार के साथ फिर
कबीलेवालों ने उन्हें दरबार लाकर छोड़ा.

यह सब देख राजा दंग थे
मौत के मुंह से निकल कर बड़े प्रसन्न थे
कि तभी उन्हें वज़ीर की बात याद आ गयी
उन्होनें जंगल में भेज सिपाहियों को
तुंरत ही वज़ीर की खोज करवाई.
वज़ीर को ढूंढ राजा के पास लाया गया

राजा ने उन्हें उनका स्थान ग्रहण कराया.

राजन् बोले मेरी उंगली कटने पर जो तुम बोले
जो हुआ अच्छा ही हुआ
वह बात तो मेरे समझ में आ गयी
उंगली कटी होने के कारण
मेरी जान जो बच गयी.

पर घने जंगल में जब
मैंने तुम्हें अकेला छोड़ा
तुमने फिर बोला कि जो हुआ अच्छा ही हुआ
वो बात मुझे समझ नहीं आयी
मुझे तो लगता है उस घने जंगल में
तुम्हारी जान पर ही थी बन आयी.

वजीर बोले, राजन अगर आप मुझे नहीं छोड़ते
तो शायद आप दूसरा वज़ीर ढूंढ रहे होते
क्योंकि आप तो कटी उंगली की वजह से बच गये
पर शायद मैं ना बच पाता
आपकी जगह मैं बलि चढ़ जाता.
आपने मेरा साथ छोड़कर मेरा जीवन बचा दिया,
बताईये आपने मेरा भला किया या बुरा किया
इसीलिये 'जो हुआ अच्छा ही हुआ'.

6. ध्यान और चेतनता

खुशियाँ और आंनद की इस श्रंखला में हम आंनद की खोज में हैं और जैसा हमने जिक्र किया कि अगर हमें सुख और शांतिमय जीवन जीना है तो आंनद की खोज हमें अपने भीतर ही करनी पडेगी और इसका एक उपाय 'मांइडफुलनेस' अर्थात सचेतनता है. एक बार **महात्मा बुध्द से उनके एक शिष्य ने पूछा कि भगवन्, आपको सचेतनता से क्या हासिल हुआ, बुध्द हंस कर बोले 'कुछ भी नही' वरन् मैंने अपना डर, गुस्सा और समस्त चिंताओं को खो दिया.**

मांइडफुलनेस शब्द से ऐसा प्रतीत होता है कि जैसे यह कोई बहुत कठिन योग–साधना है और इसे करना सबके लिये संभव नहीं है. हम तो आंनद प्राप्ति की खोज में हैं फिर मैं आपसे किसी कठिन कार्य की कैसे अपेक्षा कर सकता हूं. सरल शब्दों में इसका अर्थ है **'आज और इस पल में जियो'** अर्थात जो भी इस पल कर रहे हो उसे ही मनोयोग के साथ करो अर्थात चित्त और मन उस पल उसी कार्य पर केन्द्रित करो. जैसे अगर आप खाना खा रहे हैं तो उसके रंग, रूप, स्वाद का आंनद लो, उसमें क्या–क्या है, उस हर एक चीज का आंनद लो. हर वैज्ञानिक शोध यही कहती है कि अगर स्वस्थ रहना है तो खाते समय टी.वी., मोबाइल अथवा लेपटॉप से दूर ही रहें. हममें से अधिकांश लोग इस सत्य से अवगत हैं परन्तु सच बताईये कि क्या आप खाना खाते वक्त इन चीजों से दूर रह पाते हैं. तो आज से ही शुरूआत कीजिये, एक तो खाने में मजा आयेगा, दूसरा खाना बनाने वाली को

अच्छा लगेगा कि आप उनका बनाया भोजन स्वाद ले–लेकर खा रहे हैं.

मेरी एक आदत सी बन गयी है कि मैं हमेशा खाना शुरू करते ही खाने की तारीफ जरूर करता हूं और पत्नी के चहेरे पर आई प्रसन्नता मेरे खाने के स्वाद को कई गुना बढ़ा देती है. अब तो मैं अगर कभी विचारों मे डूब कर तारीफ करना भूल जाता हूं तो वो बड़ी मायूसी से पूछती है कि सुनो! क्या आज सब्जी अच्छी नहीं बनी और मुझे तुंरत अपनी गल्ती का अहसास हो जाता है कि मेरा ध्यान खाने पर नहीं था. मेरा सुझाव है कि इस तकनीक को अपना कर देखिये इसके दो फायदे होंगे, एक आप एकाग्रचित हो कर खाना खायेगें जिससे आपका खाया आपके तन को लगेगा और दूसरा पत्नी प्रसन्न होगी और हर रोज़ आपको मनपंसद व्यंजन मिलेगें. है ना खुशी को आनंद में तब्दील करने की आसान सी विधि, अब आप इसे मांइडफुलनेस भी कह सकते हैं.

आपने कई बार सुना होगा कि **'मन के हारे हार है, मन के जीते जीत'**. अगर आप सुख, स्वास्थय् और खुशियों भरा जीवन जीना चाहते हैं तो आपको अपने मन को सदैव प्रसन्न रहने के लिये तैयार करना होगा. मस्तिष्क की असीम ताकत का अंदाजा आपको इस सच्ची घटना से हो जायेगा जो मेरे मित्र ने मुझे सुनाई थी.

बात उस समय की है जब उत्तरी जर्मनी कोई बहुत संपन्न देश नहीं था परन्तु इस देश के खिलाड़ी ओलम्पिक में बहुत से पदक जीतते थे. बाकी के

बड़े–बड़े देश भी इससे आश्चर्य में थे और इस रहस्य को जानना चाहते थे. तभी इनकी ओलम्पिक की तैयारियों पर नजर रखने के लिये जासूस भेजे गये और उन्होनें पाया कि जहां तक अभ्यास का सवाल है तो उसमें कुछ अनोखा नहीं है. परन्तु हर रोज अभ्यास के बाद खिलाड़ियों को एक हाल में एकत्रित होने को कहा जाता था और वहां पर प्रशिक्षक उन्हें बेहद भावपूर्ण ढंग से उस परिदृश्य की कल्पना–लोक में ले जाते थे जैसे कि वह वास्तविक मुकाबले में भाग ले रहे हों.

उदाहरणार्थ इस दृश्य की परिकल्पना कीजिये कि ओलम्पिक में 400 मीटर की दोड़ प्रतियोगिता का फाइनल चल रहा है और जर्मनी खिलाड़ी अपने पूरे दम–खम के साथ दौड़ रहा है और प्रथम स्थान पर है कि तभी दूसरे नम्बर का खिलाड़ी इसके पास तक आ पहुंचा और उसे पास आते देखकर जर्मनी खिलाड़ी ने अपना पूरा जोर लगा दिया और वह सबसे पहले गंतव्य तक पहुंच गया. पूरे स्टेडियम में उसके नाम के नारे लग रहे हैं और वह अपने देश का झंडा लेकर स्टेडियम का अब चक्कर लगा रहा है. कुछ ही देर में पुरूस्कार वितरण शुरू हो गया और अब जर्मन एथलीट को सोने का तमगा पहनाया जा रहा है, उसके देश का झंडा फहराया जा रहा है और उसके देश की राष्ट्रीय धुन बज रही है. सिर्फ इस भावपूर्ण चित्रण से ही वहां के प्रशिक्षक अपने खिलाड़ियों में इतना जोश भर देते थे कि हर खिलाड़ी उस सपने को जीना चाहता था जो उसे दिखाया गया. अतः लक्ष्य प्राप्ति के लिये वह अपने सर्वोत्तम से भी कुछ अधिक

ही कर जाता था क्योंकि उर्जा तो अन्ततः मस्तिष्क से ही आती है और मस्तिष्क अब उस आनंद को प्राप्त करना चाहता है जिसका सपना उसने देख लिया है. आपने कौन सा ओलम्पिक का मेड़ल जीतना है, आपको तो हर दिन बस अपने मन को यही समझाना है कि मुझे हर परिस्थिति में खुश रहना है.

इसका एक उदाहरण मुझे हाल ही में 'कौन बनेगा करोड़पति' की एक कड़ी में भी मिला जब 'एक करोड़' जीत कर जाने वाले एक प्रतिभागी ने खेल के दौरान बताया कि वह तैयारी के समय हमेशा ऐसे ही सपने देखा करता था कि आप मुझसे कंह रहे हैं 'तेरहवां प्रश्न पच्चीस लाख रूपये के लिये' और मेरे सही जवाब देने पर हाल में तालियां बज रही हैं और इसी तरह के सपनों ने आज मुझे इस मुकाम पर पहुंचा दिया.

खलील जिब्रान ने कहा था कि 'आपकी जिन्दगी इस बात पर निर्भर नहीं होती कि आपको जीवन में क्या मिला? अपितु इस बात पर निर्भर होती है कि आपने अपने जीवन के प्रति क्या नजरिया रखा. और ना ही इस बात पर निर्भर होती है कि आपके साथ क्या घटित हुआ बल्कि इस बात पर निर्भर होती है कि जो हुआ उसे आपके मस्तिष्क ने कैसे लिया'.

यह कहना बहुत आसान है कि **'आज और इस पल में जियो'** परन्तु बिना कल की चिन्ता किये आज में जीना कितना मुश्किल है यह सभी जानते हैं और यह भी उतना ही सत्य है कि भूतकाल की अच्छी–बुरी घटनाएं हमारे आज को हमेशा प्रभावित करती रहती हैं. पर हम

तो एक लक्ष्य लेकर चल रहे हैं कि हमें इस पल को आनंद पूर्वक जीना है, चलिये इसके कुछ तरीके जानने की कोशिश करते हैं.

भूतकाल में हुई घटनाओं को सिर्फ इतना ही याद कीजिये कि अगर आप कहीं गलत सिध्द् हुए तो आपने अपनी गलती से क्या सीखा क्योंकि मेरा मानना है कि '**अनुभव आपका सबसे बड़ा गुरू है**'. इसी तरह भविष्य के लिये आपने कोई योजना बना रखी है और कोई लक्ष्य तय कर रखा है तो बस कभी–कभार अपने लक्ष्य की और देख लीजिये ताकि आपको पता रहे कि आपका वर्तमान सही दिशा में आपको लक्ष्य की और अग्रसर कर रहा है अथवा कहीं आप राह तो नहीं भटक रहे. बस, इससे अधिक नहीं और अपना अधिक से अधिक समय 'आज' में बिताईये. किसी ने सही ही कहा है कि **'पास्ट इज़ हिस्टरी, फयूचर् इज़ मिस्टरी, प्रेजेन्ट इज़ प्रेजेन्ट'** अर्थात बीता हुआ कल इतिहास है, भविष्य अज्ञात है और वर्तमान उपहार है, तो प्रकृति–प्रदत आज रूपी उपहार का आनंद लीजिये. निम्नलिखित कुछ आसान तरीकों को आजमा के देखिये शायद आपकी चिन्ता और तनाव कम करके आपके आत्म–विश्वास को बढाने में इनसे मदद मिले:

1. यह मान कर चलिये कि शत–प्रतिशत सही कोई नहीं हो सकता, अतः अपना सर्वोतम दीजिये और मस्त रहिये.
2. कल की चिन्ता छोड़ कर आज में जीना सीखिये, आपने भविष्य की योजना बना रखी है और आप अपनी योजना पर अमल करने के लिये प्रतिबध्द

भी हैं फिर भी रोज–रोज़ कल के बारे मे सोच कर आज को खराब मत कीजिये.

3. हम बचपन से सुनते आये हैं कि हमारे पास गिनती की सांसे हैं अतः व्यर्थ के तनाव के कारण उत्तेजना में अपनी सांसों की गति मत बढ़ाईये. डाक्टर भी कहते हैं कि नाड़ी की गति जितनी सामान्य होगी, उतनी ही आपकी आयु बलवान होगी अर्थात बड़ी होगी.

मांइडफुलनेस का मतलब भी यही है कि अपनी आती–जाती सांसों को महसूस कीजिये और इसका सबसे आसान तरीका है कि आप अपने वार्तालाप में संयम रखें. क्या आप जानते हैं कि आपको कितनी तेज आवाज में बोलना है इसकी गणना आपका मस्तिष्क करता है क्योंकि सुनने वाले से आपकी दूरी को वह आपके मन से पढ़ लेता है. आप सामने खड़े मित्र से हल्की आवाज में बात करते हैं परन्तु अगर वह आपकी नहीं सुन रहा है तो अचानक आपकी आवाज तेज हो जाती है और अगर आप उत्तेजित हो गये तो शायद उतनी ही दूरी पर रहकर भी आप चिल्ला कर बात करने लगें क्योंकि दिमाग अब उसे आपसे दूर मान रहा है. वही प्रियजनों से बेहद धीमी आवाज में बात करके भी संवाद बिल्कुल स्पष्ट होता है. हम कई बार कहते हैं कि हमारी पत्नी तो दिल की आवाज भी सुन लेती है, यह सत्य भी है कि जब दूरियां एकदम कम हो जाती हैं तो आपके मन में कही बात भी दूसरे को

सुनाई दे जाती है. इससे हम यह निष्कर्ष निकाल सकते हैं कि हमारा वार्तालाप हमारी हृदयगति को प्रभावित करता है.

4. अपने आप को जीवन रूपी बहाव के साथ बहने के लिये तैयार कीजिये. बचपन में पढ़ी कविता की चंद लाईने याद आ गयी **'जीवन क्या है निर्झर है, मस्ती ही इसका पानी है, सुख–दुख के दोनों तीरों से चल रहा राह मनमानी है'**

5. अपने मन को परिस्थिति को समझने और मानने की कला सिखाईये, समस्या से भागना कभी समस्या का निदान नहीं हो सकता. अतः चुनौती को स्वीकार कीजिये और शांत मन से समस्या का समाधान ढूढंने का प्रयास कीजिये. सत्य यह है कि जब तक समस्या बनी रहेगी वह आपको परेशान भी करती रहेगी अगर आप समस्याओं से घिरे रहकर प्रसन्न रहने का प्रयास भी करेगें तो वह व्यर्थ ही होगा क्योंकि प्रसन्नता तो आपके अन्दर से आनी है जहां चिन्ता ने घर बना रखा है.

6. अपने आप को व्यस्त रखिये. बहुत पुरानी कहावत है कि **'खाली दिमाग शैतान का घर होता है'** और जैसा कि हमने पहले जिक्र किया कि खाली दिमाग़ में ज्यादा नकारात्मक ख्याल ही आते हैं, अतः बेकार की बातों को सोचना छोड़ कर अपनी प्रत्येक गतिविधि पर ध्यान दें और प्रत्येक कार्य को पूर्ण मनोयोग से करें, इसी को मांइडफुलनेस कहते हैं.

माइंडफुलनेस अर्थात सदैव अपने द्वारा किये जा रहे कार्यों, जिसमें आपका सांस तक लेना शामिल है के प्रति सचेत रहना, यह उतना आसान नहीं जितना लगता है. परन्तु अगर आप इसका अभ्यास करना चाहते हैं तो दिन में कभी भी कुछ देर के लिये ही सही, अपनी गतिविधियों के प्रति पूर्णतया सचेत हो जाईये. धीरे–धीरे ही सही पर यह आपकी प्रवृति में शामिल हो जायेगा और आप अपने आप हर कार्य के प्रति आदतन् सजग़ रहेगें जिसका फायदा यह होगा कि आपका मस्तिष्क बेकार की नकारात्मक बातों की तरफ जा ही नहीं पायेगा और आपका आत्म–विश्वास चरम् पर होगा क्योंकि नकारात्मक विचारों के लिये अब आपके मस्तिष्क में कोई जगह ही नहीं बची है. **'आत्म–विश्वास'** किसे कहते हैं, इस ऐसे समझिये:–

पार्क के कोने में बैठा एक व्यापारी
घोर चिन्ताओं से घिरा था,
देनदारी बढ़ गयी थी बहुत ज्यादा
आपूर्तिकर्ताओं ने भी कर लिया था किनारा,
कंगाली के कगार पर पहुंचे व्यापार को
कैसे बचाये –इसे कैसे आगे बढाये,
यह सोच–सोच कर
उसका हाल–बेहाल था.

तभी एक वृध्द सज्जन
अचानक उसके पास आये,
उसकी दशा देख

उसकी मदद को उन्होनें हाथ बढ़ाये,
एक बहुत रईस व्यक्ति के नाम से
उन्होंने अपना परिचय कराया,
दिया व्यापारी को एक करोड़ का चैक
और ले लिया उससे वादा,
हम एक वर्ष बाद फिर मिलेगें
तब तुम्हें मुझे मेरे पैसे वापिस देने होगें.

व्यापारी की प्रसन्नता का
अब कोई ठोर नहीं था,
वो एक करोड़ का मालिक जो था.
परन्तु व्यापारी ने उसे अभी
इस्तेमाल ना करने की ठानी,
अपने व्यवसाय को दुगुने उत्साह से
चलाने की नई–नई तरकीब निकाली,
देनदारों को समय पर
पैसा लौटाने का किया वायदा,
और बदले में उनसे अच्छी ड़ील कर ड़ाली.

आत्म–विश्वास के बूते
वह व्यापारी आगे बढ़ता गया,
कुछ ही समय में उसका अपना
अच्छा खासा बैंक बैलेंस हो गया.
एक वर्ष का समय जिस दिन हुआ पूरा,
वही चैक लेकर व्यापारी
खुशी–खुशी उसे लौटाने पार्क पहुंचा.
उसे दूर से वो सज्जन आते दिखाई दिये,

जेब से निकाल लिया वही चैक
उन्हें वापिस देने के लिये.

कि तभी उनके पीछे–पीछे
एक नर्स दौड़ती–दौड़ती आई
उनका हाथ पकड़ कर
उनको वापिस ले जाते हुए वह बोली,
ये सज्जन मानसिक रूप से बीमार हैं,
बार–बार अस्पताल से बाहर निकल आते हैं
अपना परिचय दुनिया के
सबसे रईस व्यक्ति के रूप में कराते हैं
इन्होनें आपको परेशान तो नहीं किया,
माफ करना अगर
इन्होनें आपको तंग किया.

अब व्यापारी के चौंकने की बारी थी,
जिस चैक की बदौलत उसने
अपनी किस्मत ही बदल ड़ाली थी,
वो समझता रहा साल भर
एक करोड़ का मालिक खुद को,
परन्तु वो एक करोड़ का
चैक तो जाली था.
फिर उसका व्यापार
पटरी पर कैसे आया,
क्या उस धन ने उसका व्यापार चमकाया
जो कभी उसके पास ना था,
परन्तु उसके होने को

बस उसे अहसास भर था.
सच तो यह है कि उस चैक ने नहीं
उसके आत्म–विश्वास ने
उसको सफलता थी दिलायी

धन–दौलत, मान और सम्मान
आप सब कमा पायेगें
अगर अपने आत्म–विश्वास को
अपनी जीत की ताकत बनाऐगें.

7. निस्वार्थ प्यार

खुशियाँ और आनंद की पिछली पांच कड़ियों में हमने विस्तार से जाना कि वास्तविक आंनद तो हमें हमारे भीतर से ही मिल सकता है अतः आज और अभी से हमारा एक ही प्रयास होना चाहिये कि हमें हर परिस्थिति में खुश रहना है. उदाहरण के तौर पर मान लीजिये हमारे देश के करोड़ों लोगों की तरह आप भी क्रिकेट के दीवाने हैं और आज वर्ल्ड कप फाइनल का मैच भारत और आस्ट्रेलिया के बीच देर रात को टेलीवजन् पर दिखाया जाना है. परन्तु आज आप दिन भर की भाग–दौड़ से थक गये हैं और सो जाते हैं. दूसरे दिन आप सुबह उठते हैं और समाचार देखते हैं कि एक बहुत ही रोमांचक मुकाबले के बाद भारत ने अन्ततः मैच जीत ही लिया तो विश्वास कीजिये आपको अपने मैच ना देखने का बहुत दुख होगा. माना कि आप थक गये थे पर आप जैसे बहुत से लोग होगें जो आपसे भी ज्यादा थक गये होंगे पर उन्होनें अपनी 'खुशियॉ' चुनी और आपने! इस तरह के रोमांचक मैच के बाद कई बार हमारी आंखें छलक जाती हैं, यह दुख के नहीं वरन् परम आंनद की अनुभूति की खुशी में छलके आंसू होते हैं. अब जब आपने तय कर ही लिया है कि आपको खुश रहना है तो जहां तक संभव हो सिर्फ खुशियाँ ही चुनिये और हर उस कारण से किनारा कीजिये जो आपके दुख का कारण बन सकता है.

जब हम अपनी खुशियों को ग्रहण लगाने वाले कारणों के बारे में सोचते हैं तो यह सोचकर आश्चर्य होता है

कि यह सब कारण कहीं ना कहीं हमारी अपनी कमजोरियॉ ही हैं जिन्हें हम थोड़े से प्रयास से दूर कर सकते हैं. चलिये, इन कारणों और इनके निवारणों पर एक–एक करके चर्चा करते हैं:

1. **क्रोध –** क्रोध एक ऐसी अनुभूति है जो चिन्गारी की तरह ही हमारे मन में उठती है जब हम उत्तेजित हो जाते हैं और कई बार यह चिन्गारी इतना विकराल रूप ले लेती है कि हमारी सारी खुशियॉ इसमें स्वाहा हो जाती हैं. पिछले दिनों 'रोड़–रेज' अर्थात सड़क पर ड्राइवरों के बीच जरा–जरा सी बात पर हुई मारपीट और अभ्रदता की कई घटनाओं के बारे में पढने–सुनने को मिला. अगर आप इन घटनाओं की विवेचना करे तो इसके पीछे सिर्फ क्रोध् ही था जिसे वे काबू नहीं कर पाये, जैसे उसने मुझसे आगे गाड़ी कैसे निकाल ली यधपि इससे आपको कोई फर्क नहीं पड़ता कि कौन आगे जा रहा है और कौन पीछे आ रहा है पर उस क्षण आप अपनी भावनाओं पर नियत्रंण नहीं रख पाये और क्रोधित होकर आपने दूसरे को कुछ अनाप–शनाप या अपशब्द कह दिया और बदकिस्मती से दूसरा भी आप ही की तरह निकला और अपने गुस्से पर काबू नहीं रख पाया. बिना बात के बात इतनी बढ़ गयी कि नौबत हाथापाई पर आ गयी.

मेरे एक मित्र शहर की राड़कों पर इस तरह तेज गाड़ी चलाते हुए टेड़ा–मेड़ा भागते लोगों के लिये अक्सर एक ही बात कहा करते हैं कि भाई, जाने दो इसको, इसकी बीबी भाग गयी है, अपनी तो घर में सुरक्षित है. बस अपने गुस्से को हास्य–विनोद में बदलने का प्रयास कीजिये, गुस्सा वहीं खत्म हो जायेगा. निम्न

छोटी–छोटी तकनीकों से आप अपने गुस्से पर नियंत्रण पा सकते हैंः–

किसी से वार्तालाप के दौरान क्रोध आने पर कोशिश करें और बस थोड़ी देर के लिये चुप हो जायें, जैसे लोग कहते हैं कि 1 से 10 तक उल्टी गिनती गिन लें फिर बेहद सधी हुई आवाज में अपनी नाराजगी प्रगट कर दें, बस ध्यान रहे कि मुंह से कोई अपशब्द ना निकले नही तो ये आग में घी का काम कर देगा. अगर किसी ने आपकी भावनाओं को आहत कर दिया है और आपको बहुत गुस्सा आ रहा है तो अपने आप को किसी अन्य काम में व्यस्त करने का प्रयत्न करें और कुछ नहीं तो कोई मनपंसद गाना ही सुन लें. यकीन मानिये, आपको अच्छा लगेगा और आप क्रोधित होकर अपना दुख बढ़ाने से बच जायेगें. फिर सोचिये की आपको गुस्सा क्यों आया और स्थिति को कैसे संभाला जा सकता है. अगर आप सकारात्मक सोच के साथ उन कारणों की विवेचना करेगें तो पायेगें कि अधिकांश परिस्थितियों में आपको व्यर्थ ही इतना गुस्सा आया जबकि स्थिति को संभाला जा सकता था. आपका यह प्रयास धीरे–धीरे ही सही पर आपके क्रोध पर काबू पा लेगा और आज जो आपकी कमजोरी है वही कल आपकी ताकत बन जायेगी जब आपके अपने आपकी तारीफ करेंगें और कहेंगे **'इसे तो कभी गुस्सा ही नहीं आता'.**

2. **ईर्ष्या अथवा जलन –** आपकी खुशियों में ग्रहण लगाने वाला दूसरा कारण है कि **'उसकी कमीज़ मेरी कमीज़ से सफेद क्यों'** और आप अपना सुख–चैन खो कर बस उसकी बराबरी में लग जाते हैं. यह भी तो हो

सकता है कि वह धनवान पता नहीं कितने कर्जे के नीचे दबा हो जिसका आपको अन्दाजा ही नहीं, बस आपको सिर्फ उसकी रईसी दिख रही है और आप जल रहे हैं. याद कीजिये, मैंने पहली कड़ी में ही कहा था कि हमें **'धनवान'** नहीं **'समृध्द'** बनना है और इसका प्रयास हम आने वाली कड़ियों में करेगें. बड़ा घर, बड़ी गाड़ी, फैशनेबल कपडे आपको कुछ देर के लिये खुशी दे सकते हैं परन्तु आंनद कदापि नहीं. अतः ईर्ष्या त्यागिये, हॉ स्वस्थ प्रतिस्पर्धा में कोई बुराई नहीं क्योंकि आपकी उन्नति के लिये यह आवश्यक है.

3. **चिन्ता और ड़र –** डर अर्थात अंग्रेजी के 'फियर' शब्द की किसी ने बड़ी सटीक परिभाषा की है, **'फाल्स् एक्सपेक्टेशन्स् अपीयरिंग रियल'** अर्थात हमारी झूठी आशायें/आंकशायें जो हमें सच्ची लगती हैं. हो सकता है कि जिससे हम ड़र रहे हों वह सिर्फ हमारे मन का वहम् हो, पर यह ड़र हमारी खुशियों को तो चुरा ही लेता है. यही ड़र अगर मन में घर कर जाये तो अवसाद का रूप ले लेता है.

मैने इस ड़र को अवसाद का भयंकर रूप लेते हुए अपने घर में ही देखा है. मेरी पत्नी को निमोनिया हो गया था पर उसके लक्षण दिखाई देने में बहुत देर हो गयी और डाक्टर साधारण खांसी का इलाज करते रहे. कमजोरी के कारण उनसे घर का काम–काज नहीं हो पा रहा था और इलाज में देरी से आई कमजोरी के कारण उनके मन में ड़र बैठ गया कि मुझसे कुछ काम नहीं होगा अब मैं घर और बच्चों को कैसे संभालूगी और इस ड़र ने उन्हें भयकंर डिप्रेशन् में धकेल दिया. कुछ दिनों में रोग का सही पता लगने पर उसका तो

इलाज हो गया और वह शारिरिक रूप से पूर्णतया स्वस्थ हो गयीं परन्तु इस ड़र से उपजे अवसाद से बाहर निकालने में की 'मुझसे अब कुछ काम नहीं होगा', मुझे लगभग एक वर्ष का समय लग गया.

अतः हिम्मत और विश्वास के साथ जीवन जीने की कला सीखिये, बेकार की चिन्ताओं में पड़कर अपने मन में ड़र मत पैदा कीजिये, नही तो सब काम–काज छोड़कर बाबाओं के चक्कर लगाते जिन्दगी बीत जायेगी और उंगलियों में अंगूठी तो ज्यादा होगीं पर काम करने की शक्ति कम. आगामी कड़ियों में हम तनाव प्रबंधन पर चर्चा करेंगे ताकि आप अपने तनाव से छुटकारा पाकर सुख और शान्ति का जीवन व्यतीत कर सकें.

4. **अपराधबोध** – आप इन्सान हैं और गल्ती इन्सान से ही होती है, अतः अगर आपने अक्षम्य अपराध नहीं किया है तो अकारण ही अपराधबोध से दबकर अपनी खुशियों का गला मत घोंटिये. ज्यादा अच्छा है कि अगर अन्जाने में आपसे कोई गल्ती हो भी गई है तो दूसरे से क्षमा मांग लीजिये और बात वहीं खत्म कीजिये. जब तक आप इस अपराध बोध को मन में ढोते रहेंगे, विश्वास कीजिये चाह कर भी खुश नहीं रह पायेगें, अतः अपनी खुशियों की खातिर विन्रमता के साथ अपनी गल्ती मान लीजिये अगर आप गलत हैं तो, अन्यथा जबरदस्ती दूसरे की गलती अपने सिर लेकर महान बनने की कोशिश भी मत कीजिये. अगर आपने माफी मांगने का अवसर गंवा दिया है तो अपने मन को विश्वास दिलाईये कि आप ऐसी गलती

दुबारा नहीं करेगें और चमत्मकार देखिये कि आपका अपराधबोध अपने आप खत्म हो जायेगा.

5. प्रलोभन – कई बार हम प्रलोभन के चक्कर में फंस कर कुछ अनैतिक कार्य कर बैठते हैं फिर जब हमें पछतावा होता है तो हमारी क्षणिक खुशी काफूर हो जाती है और हमें ग्लानि होती है. अतः व्यर्थ के प्रलोभनों से बचिये और मन को बार–बार समझाईये कि अनैतिक कार्यों द्वारा मिलने वाली क्षणिक खुशी से सिर उठा कर जीना हद ज्यादा आंनदमयी सौदा है. मेरे जीवन में ऐसा कई बार हुआ जब पदोन्नति या मनपंसद तबादले का प्रलोभन देकर मुझे वो काम करने के लिये कहा गया जो मेरे अनुसार सही नहीं था, मैंने मना किया और अपने वरिष्ठ अधिकारियों का कोपभाजन भी बना परन्तु आज सिर उठाकर चैन से जीता हूं. ऐसे पल हरेक के जीवन में आते हैं जब 'आगे खाई पीछे कुआं' वाली स्थिति होती है, ऐसे वक्त पर दिल की आवाज सुनिये और वही करिये जो आपको सही लगे. विश्वास मानिये जीवन पर्यंत जो आनंद आपको वो गलत काम ना करके मिलेगा वह उस खुशी से लाख गुना बेहतर होगा जो आप उस क्षण बहक कर गलत काम करके पाते.

6. बदले की भावना – यह मानवीय कमजोरी है कि जब कोई हमारा अहित करता है तो हमारे मन में उससे बदला लेने की भावना घर कर जाती है. उस क्षणिक आवेग में हम भूल जाते हैं कि अन्ततः इससे हमारा ही नुक्सान होगा क्योंकि दूसरे का अहित करके हम भी खुश नहीं रह सकते. उस पर यह ड़र आपको सताता रहेगा कि वो पलटवार ना कर दे. अतः इस

नकारात्मक भावना को जितनी जल्दी मन से निकाल देगें उतने खुश रहेंगे.

7. **संदेह** – दुनिया का आधे से अधिक व्यवसाय आज भी विश्वास के आधार पर ही होता है और **विश्वास का विलोम शब्द है 'शक'.** शक अथवा संदेह एक नकारात्मक भाव है और यह कभी आपकी खुशियों का आधार नहीं हो सकता. अतः संदेह करना छोड़िये, हां सतर्क रहिये और सोच–विचार कर निर्णय लीजिये. मैं सदैव कहता रहता हूं कि सही और प्रभावी निर्णय आपकी हिम्मत का ही प्रतिफल है, हिम्मत आपको आपके विश्वास से मिलती है और यह विश्वास आपको ज्ञान और कौशल से मिलता है अतः अपने आप को इस योग्य बनाईये कि कोई आपका अहित ही ना कर सके. **अगर आपको अपने आप पर विश्वास नहीं है तो आप हर दूसरे पर संदेह करेंगे और हमेशा संशकित एवं दुखी ही रहेगें**. अतः शक को कभी अपनी कमजोरी मत बनने दीजिये. एक बहुत पुरानी फिल्म 'कटी पंतग' की याद आ गयी जिसका सार यही था कि 'शक आपका सबसे बड़ा दुश्मन है इसे कभी अपने दिल में घर बसाने ना दो'.

हम पहली कड़ी से अब तक यही पढ़ रहे हैं कि आपकी वास्तविक खुशियों की चाबी आपके पास ही है. आईये अपने मन में झांक कर उन गांठों को खोलने की कोशिश करते हैं जिनसे हमारी खुशियों की चाबी बंधी पढ़ी हैः–

1. खुश रहने की इच्छाः

अगर आप खुश रहना ही नहीं चाहते तो दुनिया की कोई ताकत आपको खुश नहीं रख सकती. मेरे एक

मित्र अक्सर कहा करते थे, **'मज़े का क्या है आये तो एक गिलास ठंडा पानी पी के आ जाये, ना आये तो पूरी बोतल पी के भी ना आये?** अगर आपने खुश रहने का मन बना लिया तो अपने खुशियों भरे जीवन का पहला द्वार खोल लिया, अतः खुश रहने को अपनी आदत बनाईये. शुरूआत आज और अभी से कीजिये और जरा मुस्कराईये, **बेवजह ही सही, मुस्करा के तो देखिये कि आपको स्वंय कितना अच्छा लगता है.**

2. अपनी खुशियों के कारकों को ढूंढिये और उन पर अमल कीजिये:

अपने आप को टटोलिये और जानने की कोशिश कीजिये कि आपको कहां और कैसे वास्तविक खुशी मिलती है. जरा से प्रयास से आप अपने मन में ऐसे कारकों की सूची तैयार कर लेगें जो आपको खुशी देती हैं. **जैसे मुझे तो सबसे अधिक आंनद तब मिलता है जब मेरे प्रयास से किसी दूसरे के चहेरे पर मुस्कान आ जाती है.**

मेरी बड़ी साली साहिबा जिन्होनें मेरा रिश्ता कराया था और हमेशा मुझसे सगी बहन जितना ही स्नेह करती थीं, उनको अचानक कैन्सर हो गया और सर्वोतम उपचार के बाद भी बात बिगड़ गयी और डाक्टरों ने जवाब दे दिया. मेरी पत्नी ने कहा कि हम कुछ दिन उनके साथ बिता के आते हैं. यधपि वो मेरे चालीस वर्ष की सेवाकाल का अन्तिम माह था और मेरी अपनी सेवानिवृति को लेकर कई योजनाएं थी, परन्तु मुझे लगा कि अगर मैं कुछ दिन उनके साथ बिताकर

उनको कुछ पल खुशियों के दे सकूं तो इससे बेहतर कुछ नहीं हो सकता.

मैं पूरी तैयारी के साथ सपत्नीक उनके पास एक सप्ताह से अधिक रहकर आया और मैंने सुनिश्चित किया कि कोई भी उनसे बेकार के सवाल ना पूछे, जैसे आप कैसे हो, ये क्या हो गया आपको, इतने कमजोर क्यों लग रहे हो, आप ये करो या वो करो, आदि, अतः मैं सुबह से ही उनके साथ हंसी मजाक और पहेलियां आदि पूछने में लग जाता था. मेरी खुशी कई गुना बढ़ जाती थी जब वो किसी भी परिजन अथवा मेहमान के आने पर मुझसे कहती थी कि इनसे वो वाली पहेली पूछो और उस माहौल का पूर्ण आंनद लिया करती थी. क्योंकि माहौल हंसी–मज़ाक का होता था अतः सब परिजनों का जमघट भी उनके आस–पास लगा रहता था और ठहाके गूंजते रहते थे. आज वो हमारे बीच नहीं हैं परन्तु मुझे संतोष है कि उनके सबसे मुश्किल समय में मैने उनको खुशी देने का प्रयास किया और आज भी जब मैं उन मुश्किल दिनों को याद करता हूं तो मन में आंनद की लहर उठती है कि मैं उनके जाते–जाते भी उनके लिये कुछ कर पाया. 'मुश्किल दिन' इसीलिये कि मुझे तो उनकी सेहत के बारे में सही–सही पता था, फिर भी हंसना, मुस्कराना और ठहाके लगाना, सोचिये! क्या मेरे लिये आसान था, मेरी तो वो सबसे प्यारी बहना थी.

3. आपकी खुशी चुराने वाले कारणों से दूर रहियेः

हमने विस्तार से चर्चा की कि कौन–कौन से कारण आपकी खुशियों पर ग्रहण लगा सकते हैं, अतः क्रोध, ईर्ष्या, लोभ, ड़र, संदेह, आदि नकारात्मक भावों से

जितना जल्दी छुटकारा पा सकते हैं, पाईये और देखिये कि आपकी खुशियाँ कैसे चिरस्थायी आदत के रूप में आपसे चिपकी रहती हैं.

4. मुश्किल समय में अपने आप को संभालना सीखिये:

सुख–दुख जीवन में आते रहते हैं परन्तु कभी–कभी हमारे साथ कुछ ऐसा घटित हो जाता है कि हमारे दुख की सीमा ही नहीं रहती और लगता है कि अब हमारे लिये दुनिया खत्म. माना कि ऐसे में अपने को संभालना मुश्किल है परन्तु अंसभव नहीं. मैंने कहीं पढा था कि **'सब रोगों की एक दवाई, हंसना सीखो मेरे भाई'.** जब जीवन की सबसे बड़ी विपदा मेरे सिर पर आई तो विश्वास कीजिये, इस एक उक्ति ने मुझे जीने की राह दिखाई. आपसे बहुत लोग स्नेह करते हैं, अगर आपने कुछ खोया है तो उन्होनें भी खोया है, अगर आप उनका दुख कम नहीं कर सकते तो कम से कम उनका दुख तो ना बढाईये. आप हंसेगें तो उनके चहेरे पर भी मुस्कान आ जायेगी. बस आपको प्रयास करने की आवश्यकता है. दावे के साथ कहता हूं कि आपका थोड़ा सा प्रयास आपके अपनों को खुशी देगा और उनकी खुशी से आपको आंनद.

5. खुशियों को जीवन शैली बनाईये:

जब आपने तय कर ही लिया है कि आपको खुश रहना है तो इन खुशियों को चिर स्थायी बनाईये क्षणिक नहीं. एक बार फिर याद करा दूं कि खुशी सुख पाने में है और आनंद सुख देने में. मेरे पास आज तक भी कोई कैसी भी समस्या लेकर आता है तो मेरा पहला डायलाग् सदैव यही होता है कि भाई, चिन्ता

मत करो **'मैं हूं ना'.** मेरा सिर्फ यह कहना ही उनके मनोबल को कई गुना बढ़ा देता है और बहुत सी बार तो वह अपनी समस्या का समाधान खुद ही कर लेते हैं. आवश्यकतानुसार मैं भी उनकी यथा संभव सहायता करने में कभी पीछे नहीं रहता. आज तक भी मेरे सहकर्मी, अधीनस्थ, मित्र और संबधी, प्यार से मुझे 'मैं हूं ना' के नाम से याद करते हैं. कभी किसी मुसीबतों से घिरे व्यक्ति के कंधे पर हाथ रख धीरे से यह कहकर तो देखिये 'मैं हूं ना', वो आपका मूरीद हो जायेगा और उसकी यथासंभव सहायता कर जीवन भर उस **'निस्वार्थ प्यार'** का आनंद लीजियेः

एक दिन की सुबह–सुबह
मेरी पत्नी ने मुझे आवाज दी,
अखबार छोड़ो अपनी बेटी को संभालो
ये मेरी नहीं सुनती,
सामने पड़ी है दही–चावल की कटोरी
पर ये उसे बिलकुल नहीं छूती,
स्कूल जाने में देर हो जायेगी,
फिर आप ही छोड़ के आना,
तब तक बस निकल जायेगी.

मैंने प्यार से बिटिया को समझाया,
सिंधू माँ ने यह दही–भात
प्यार से तुम्हारे लिये है बनाया,
दो–चार चम्मच ही खा लो
अगर यह तुम्हें नहीं है भाया,
वो अश्रुपूरित आंखों के साथ बोली,
पापा अगर आप कहोगे

तो मैं पूरा खा लूंगी
पर वचन दो उसके बाद
मुझे वो दोगे जो मैं आपसे मांगूगीं.

मैंने उसे समझाया बेटा
कम्पयूटर, आईपेड़ जैसी मंहगी चीज़
मैं तुम्हारे लिये खरीद नहीं सकता,
हां उसके अलावा जो तुम कहो
मैं वो सब तुम्हारे लिये कर सकता.
बिटिया मेरी अपनी उम्र के लिये सयानी है
उसने ऐसी–वेसी चीज़
कभी ना मुझसे मांगी है,
अतः मैंने हाथ मिलाकर कर दिया वायदा,
जो मांगोगी वो मिलेगा अगर
तुमने इसे खत्म कर दिया आधा,
वो बोली, मैं इसे पूरा खा लूंगी
पर फिर आपसे अपना वचन लूंगी.

बच्ची ने जोर लगाया जैसे तैसे उसे खाया,
मैं पत्नी पर थोड़ा झल्लाया,
ये सब क्यों बनाती हो जो उसे नहीं भाता,
क्या उसकी पसन्द–नापसन्द का
जरा भी ख्याल तुम्हे नहीं आता.

अब बिटिया के वर मांगने की बारी थी,
मैंने भी मन ही मन
उसे पूरा करने की कर ली तैयारी थी.
पर जब उसने कहा,

पापा मेरा सिर मुंडवा दो!
मेरे सारे बाल कटवा दो,
मैं यह सुन कर दंग रह गया,
पत्नी का तो चेहरे का रंग ही उड़ गया,
वो किचन से ही चिल्लाई,
तू पागल हो गयी है क्या मेरी जाई,
मैं बोला सिंधु ऐसी जिद नहीं करते,
लड़कियों के सिर
यूं हमारे समाज में गंजे नहीं करते.

सिंधु ने मुझे तब याद दिलाया,
पापा राजा रामचंद्र के बारे में
आप ही ने तो था मुझे बताया,
पिता का वचन चौदह साल
वन में रह कर था उन्होनें निभाया.

मेरे मस्तिष्क से तब आवाज आई,
अगर मैंने अपना वचन नहीं निभाया,
तो सिंधू कल से कभी
मेरे वादों पर यकीन नहीं करेगी,
मेरी बातों को सुनी–अनसुनी करेगी.
ये सब सोच कर मैंने
अपना वचन निभाने का संकल्प दोहराया.
पत्नी फट पड़ी मुझ पर,
टी.वी. सिरियल्स् ने है इसे बिगाड़ा,
इसके बाल नहीं कटेगें
उसने मुझे बहुत समझाया.

मैंने पत्नी को वचन की
अहमियत के बारे में बताया
और इतवार के दिन जाकर
उसके बाल कटवा आया,
मेरी बिना बालों की गुडिया
और भी निखर आयी थी,
क्योंकि अपनी मुराद पा कर
उसके मुखमंडल पर आभा जो छाई थी.
सोमवार को जब मैं उसे स्कूल छोड़ने आया,
तो उसको पीछे से आवाज लगाते
एक बालक को आता पाया,
आश्चर्य हुआ मुझे ये देखकर
कि उसका भी सिर मुंड़ा था
सोचा आजकल का फैशन है,
शायद तभी मेरी बिटिया का भी मन हुआ था.
पर तभी कार से निकलकर
एक युवती मेरे पास आई,
बोली सिंधूजा के पिता होने की
आपको बहुत–बहुत बधाई,
मैंने पूछा उसने ऐसा क्या कर डाला
कि आप दे रही हैं मुझे बधाई.

तब उन्होनें मुझे बताया
मेरा बेटा ल्यूकोमिया से पीडित है,
पिछले कई माह की केमोथेरेपी ने
उसकी यह हालत की है.

उसके सिर पर नहीं बचा था एक भी बाल,
छेड़ेगें उसे स्कूल के सभी बच्चे
यही सोच–सोच कर था वो बेहाल,
पिछले सप्ताह जब सिन्धू उससे मिलने आई
तब उसने अपनी चिन्ता उसे बताई,
सिन्धूजा ने किया था वादा उससे,
गंजे सिर की चिन्ता वो उस पर छोड़ दे,
वो उसका कोई उपाय कर लेगी
तुम सोमवार को स्कूल जरूर आना,
आगे वो सब संभाल लेगी.

मुझे क्या पता था कि
वो अपने सुन्दर बालों की बलि दे देगी
सिंधूजा निकलेगी इतनी महान
इसकी मुझे भनक भी नहीं देगी,
आपकी पुत्री विलक्षण है
जिसने दोस्ती की खातिर,
कर दी अपनी सबसे प्यारी वस्तु बलिदान है.

मुझे मालूम है उसे अपने बालों से कितना प्यार था
मैं अब समझा कि यह तो
दोस्त के लिये यह उसका त्याग था.
मेरी आंखों से अश्रुधारा बह चली थी,
मेरी छोटी सी परी मुझे कितनी सरलता से
निस्वार्थ प्यार और दोस्ती के
सही मायने समझा सकी थी.

8. तनाव प्रबंधन्

खुशियॉ और आंनद की इस सातवीं कड़ी में हम आज की जीवनशैली से होने वाले तनाव पर चर्चा करते हैं जो जाने–अन्जाने हमारी खुशियों को हमसे छीन रहा है. जब हमने ठान ही लिया है कि हमे सिर्फ खुशियॉ ही चुननी है तो हमें इस अनचाहे तनाव से छुटकारा पाना ही होगा.

तनाव प्रबंधन पर चर्चा से पहले आवश्यक है कि हम जान लें कि आखिर तनाव क्या है? मान लीजिये कि आपको एक बहुत ही महत्वपूर्ण मंत्रणा के लिए ठीक 9 बजे मंत्रालय पहुंचना है और आप इसके लिए समय से काफी पहले ही अपनी कार पर घर से निकल चुके हैं ताकि किसी भी हालत में लेट ना हों. परन्तु मंत्रालय से कुछ दूर ही आप जाम में फंस गये और अब घडी 8.50 समय बता रही है, तब क्या होगा? स्थिति ऐसी है कि आप गाडी वापिस नहीं मोड़ सकते, जहां आप फंसे हैं वहां से मंत्रालय का रास्ता सिर्फ 5 मिनट का है परन्तु ट्रेफिक चलने का नाम ही नहीं ले रहा. मित्रों उस स्थिति में जो आपकी मनोदशा होगी वही तनाव है. ऐसे अनेकों अनेक परिस्थितियां हमारे जीवन में रोज आती रहती हैं अतः तनाव भी जीवन का एक अंग बन गया है.

तनाव भिन्न भिन्न व्यक्तियों के लिए भिन्न भिन्न प्रकार का होता है. यथा विधार्थी के लिए परीक्षा में अच्छे अंक लाने का तनाव, धावक के लिए अपनी शारिरिक योग्यता के सर्वश्रेष्ठ प्रदर्शन का तनाव, कर्मचारी के लिए कार्यालय में अपने चिडचिडे बॉस को झेलने का

तनाव, अधिक काम का बोझ, कार्यालय में अधिक देर तक काम करने के कारण पत्नी से होने वाली तकरार का तनाव, आदि, आदि.

यहां ध्यान देने योग्य बात यह है कि तनाव हमेशा बुरा ही नहीं होता, यथा अगर विधार्थी पर परीक्षा में अच्छे अंक लाने का तनाव ना हो तो वह पूरे मन से तैयारी ही नहीं करेगा. आपको कहीं अगर कोई प्रस्तुति देनी है तो आप थोडे तनावग्रस्त तो होंगें ही कि मेरा प्रर्दशन कैसा रहेगा? मैं लोगों की उम्मीदों पर खरा उतरूगां कि नहीं और इसी कारण आप अपना सर्वश्रेष्ठ देने का प्रयास करेगें. सच तो यह है कि थोडा बहुत तनाव हरेक के जीवन में होता है और यह जरूरी भी है पर तनाव की अधिकता सिर्फ बुरी ही नहीं बहुत बुरी होती है क्योंकि यह आपके जीवन में कई शारिरिक एवं मानसिक आघात पहुंचा सकती है.

यूं तो तनाव को कई प्रकार से परिभाषित किया जा सकता है पर उन सबके केन्द्र में सिर्फ एक ही आवश्यक तत्व यह है कि व्यक्ति अपने सामने उपस्थित स्थिति अथवा परिस्थिति या समस्या को कैसे देखता है? अर्थात क्या वह इस समस्या से निजात पा पायेगा अथवा नहीं. अगर उसे लगता है कि वह इस समस्या से निजात नहीं पा सकता और इससे उसे शारिरिक, मानसिक अथवा आर्थिक हानि उठानी पड सकती है तो वह तनावग्रस्त हो जाता है. अतः संक्षेप में हम कह सकते हैं कि **तनाव कथित मांगों और व्यक्तिगत क्षमताओं के बीच का असंतुलन है**. यह हर व्यक्ति के जीवन का एक प्राकृतिक, अपरिहार्य एवं

आवश्यक अंग है और हम चाह कर भी इसकी अवहेलना नहीं कर सकते.

इक्कीसवीं शताब्दी के सूचना क्रांति के इस युग में संपूर्ण विश्व सेटेलाइट टी.वी. और इन्टरनेट के माध्यम से एक कालोनी के रूप में बंध गया है और आपके घर से हजारों मील दूर होने वाली किसी आंतकवादी घटना, कोई प्राकृतिक आपदा जैसे बाढ, भूकंप, जंगल की आग आदि आपको हजारों किलोमीटर दूर भी तनावग्रस्त कर सकती है. आज पल–पल बदलती टक्नालॉजी के इस दौर में भविष्य के गर्भ में क्या छिपा है इसे जानने और इसका अंग बनने की प्रक्रिया में भी हम तनावग्रस्त हो रहे हैं.

तनाव प्रबंधन एक विधा है जिसे कौशल द्वारा सीखा जा सकता है और इसके लिए आप भिन्न–भिन्न विधियों का इस्तेमाल कर सकते हैं. आईये, कुछ प्रमुख विधियों की हम चर्चा कर लेते हैंः

1. सबसे पहले यह जानिये कि तनाव क्या है और यह आपको कैसे प्रभावित करता है

तनावमुक्त जीवन की कल्पना करना भी मुशकिल है क्योंकि हम जिस संसार में जी रहे हैं वह अपूर्ण और अप्रत्याशित है जहां अगले ही पल हमारे जीवन में क्या घटने वाला है हमें पता ही नहीं होता. हम तनाव महसूस करते हैं क्योंकि शरीर हमें अप्रत्याशित मांगों का सामना करने के लिए तैयार करता है. चूंकि हम स्थायित्व चाहते हैं अतः जब शरीर हमारी क्षमताओं से अधिक मांगों की पूर्ति की व्यवस्था करता है तो हम तनाव महसूस करते हैं. हम तनाव के कारकों को किस

हद तक सहन कर सकते हैं यह इस बात पर निर्भर करता है कि हम पर कितना तनाव है. अगर आप पर जरूरत से ज्यादा तनाव है तो इसके कुछ लक्षण इस प्रकार हो सकते हैं:

- सिरदर्द होना अथवा मितली आना
- घबराहट होना अथवा सांस फूलना
- मुंह सूख जाना
- हाथ पैरों में दर्द होना
- पेट गडबड होना
- थकावट महसूस होना
- बात बात पर चिडचिडाना, आदि.

अगर तनाव के इन लक्षणों को लम्बे समय तक नजरअंदाज किया जाये तो यह आपके ब्लड प्रेशर को बढा सकता है, अल्सर, ह्दयघात, कर्क रोग और अन्य कई शारिरिक बीमारियों का कारण बन सकता है. तनाव के भावनात्मक असर के रूप में तनाव की शुरूआत में हमारा व्यवहार चिडचिडा हो सकता है, हमें बहुत जल्दी गुस्सा आ सकता है, हमारी नींद उड सकती है, आदि. परन्तु लम्बे समय तक तनावग्रस्त रहने से व्यक्ति एनक्जाईटी, डिप्रेशन, हिस्टीरिया अथवा ऑबसेसन् का शिकार हो सकता है जिसके कई दुष्परिणाम हो सकते हैं. रोगी काया आपको कभी प्रसन्न नहीं रहने देगी फिर रोग चाहे तन में हो अथवा मन में.

तनाव को सहने की क्षमता हर व्यक्ति की अलग–अलग हो सकती है और कभी–कभी तो एक ही व्यक्ति अपनी मानसिक स्थिति के अनुसार एक ही समस्या पर अलग–अलग प्रतिक्रिया कर सकता है. साधारणतया: व्यक्ति के तनाव सहने की क्षमता उसके व्यक्तित्व, पुराने अनुभव, परिपक्वता, उसकी सामाजिक स्थिति और इस बात पर निर्भर करती है कि उसका नियंत्रण का केन्द्र **'लोकस ऑफ कन्ट्रोल'** आन्तरिक है अथवा बाहरी है. अर्थात उसके साथ जो भी होता है उसके लिए वह स्वयं को या बाह्य परिस्थितियों/व्यक्तियों को जिम्मेदार मानता है.

आज के प्रतिस्पर्धी युग में अपना सर्वश्रेष्ठ प्रर्दशन देने के लिए थोडा तनाव तो हम पर सकारात्मक प्रभाव ही डालता है अन्यथा हम जो मिल गया उसी में खुश रहते और सफलता के उस सोपन पर नहीं पहुंचते जहां तक हमारी क्षमता है. परन्तु आवश्यकता से अधिक तनाव अर्थात नकारात्मक तनाव उन परिस्थितियों में होता है जब आपसे आपकी क्षमताओं से बहुत अधिक अपेक्षा की जाती है. ऐसी स्थिति में आपका यह विश्वास की आप इस कार्य को कर सकते हैं, आपके तनाव को इतना कम कर सकता है कि यह नकारात्मक तनाव आपके लिए सकारात्मक उर्जा का स्त्रोत बन जाये. अतः हमेशा याद रखिये कि **'मन के हारे हार है, मन के जीते जीत'**

2. निर्णय लेने की क्षमता में सुधार कीजिये

तनाव प्रबंधन का दूसरा सबसे कारगर तरीका है कि आप तुरन्त और प्रभावी निर्णय लेने में सक्षम हों. यहां

विरोधाभास यह है कि आपको अनिर्णय की स्थिति को यथाशीघ्र समाप्त करना है और साथ ही साथ आपका लिया हुआ निर्णय प्रभावी भी होना चाहिए अर्थात वह आपके मनमुताबिक फल दे. आप किसी समस्या से ग्रसित हैं और यह तय नहीं कर पा रहे कि क्या करूं और क्या ना करूं तो समझ लीजिये कि आप तनाव में हैं और निर्णय लेने में देरी आपके तनाव को बढाती ही जायेगी. हर निर्णय के साथ जोखिम जुडा होता है क्योंकि निर्णय का फल उसके कार्यान्यवयन के बाद भविष्य में मिलेगा और भविष्य में आप झांक नहीं सकते बस उसकी कल्पना ही कर सकते हैं. अर्थशास्त्र का एक बहुत पुराना सिध्दांत है कि **'लाभ जोखिम उठाने का पुरूस्कार है'** हमेशा इसको ध्यान में रखिये.

3. रिलेक्सशेसन का अभ्यास कीजिये

जैसा कि हमने चर्चा की कि आज की प्रतिस्पर्धी और भाग–दौड भरी जिन्दगी में नकारात्मक तनाव हमें जाने अनजाने शारीरिक क्षति पहुंचाता ही रहता है. अतः आवश्यक है कि हम अपनी दिनचर्या में कुछ पल विश्रान्ति के लिए भी रखें. कुछ व्यक्ति जब तनावग्रस्त होते हैं तो वह ध्रूमपान करते हैं, मदिरा पीते हैं, अधिक खाना खाते हैं अथवा मोबाईल, आदि देखते हैं. हो सकता है कि वह उन्हें क्षणिक आराम और विश्रान्ति की अनुभूति दे परन्तु यह उन्हें तनावमुक्त नहीं करता बल्कि कई व्याधियों को निमत्रंण अवश्य दे सकता है.

प्रकृति ने हमारे शरीर को तनाव को सहने के लिए तैयार किया हुआ है, बस आवश्यकता है तो विश्रान्ति अर्थात रिलाक्शेसन की सही प्राकृतिक तकनीक को

अपनाने की, यथाः ध्यान, समाधि, योगाभ्यास, व्यायाम, आदि, आदि. यह सब वो क्रियाएं हैं जिसे कोई भी आसानी से सीख सकता है और प्रकृतिप्रदत होने के कारण इसके कुछ भी दुष्प्रभाव नहीं हैं अपुति अनेकों फायदे हैं.

4. अच्छा स्वास्थय् बनाये रखें

तनावमुक्त जीवन व्यतीत करने के लिए स्वस्थ मन चाहिए और स्वस्थ मन के रहने के लिए स्वस्थ तन चाहिए अतः अपने स्वास्थय् का सदैव ध्यान रखिये. एक सर्वमान्य धारणा है कि आपकी दिनचर्या में शामिल निम्न सात आदतें आपके जीवन को 10 से 15 साल तक बढा सकती हैं:

- प्रतिदिन सात घंटे की नींद लीजिये
- संतुलित भोजन कीजिये और बीच–बीच में कुछ भी खाने से बचिये
- सुबह का नाश्ता कभी भी ना छोडिये और संतुलित नाश्ता कीजिये
- प्रतिदिन व्यायाम कीजिये और अपने वजन को संतुलित सीमा में बनाये रखिये
- धूमपान एवं मदिरा–पान से तौबा कीजिये.

5. अपने आप पर भरोसा रखिये

आज तनाव का एक प्रमुख कारण है हमारी यह सोच है कि **'लोग क्या कहेंगें'** यथा कोई मुझ पर ध्यान देगा अथवा नहीं, क्या मेरी बात को लोग समझ पायेगें, क्या मैं लोगों को प्रभावित कर सकूंगा, क्या यह पोशाक मुझ पर जंचेगी, आदि, आदि. अपने प्रति सकारात्मक

रहिये क्योंकि अगर आपको अपने आप पर भरोसा है तो आपका आत्म–सम्मान बना रहेगा जो आपके आत्म–विश्वास को बढायेगा अन्यथा आप अपने आप पर ही विश्वास खो बैठेगें. आपके अपने आप पर भरोसा करने के लिए कई घटक उत्तरदायी हैं जिनमें कुछ प्रमुख हैं:

- आप कैसे दिखते हैं यथा सुन्दर, हृष्टपुष्ट,
- आपको लोग कैसे देखते है यथा हंसमुख, मिलनसार, मित्रवत्,आदि
- आप कैसे दिखना चाहते हैं यथा चरित्रवान, गुणवान आदि
- आप अपने आपको कितना योग्य, भावुक अथवा जोशीला मानते हैं

मैंनें उपरोक्त घटकों के सिर्फ सकारात्मक उदाहरण ही दिये हैं क्योंकि अगर आपको अपने आप पर भरोसा होगा तभी आप हर समस्या का सकारात्मक समाधान ढूंढने का प्रयास करेंगें अन्यथा सिर्फ यही सोच सोच कर तनावग्रस्त रहेंगें कि मेरी कौन सुनेगा, मुझसे नहीं हो पायेगा अथवा यह मेरे बस की बात ही नहीं है, आदि. अतः तनावमुक्त जीवन व्यतीत करना चाहते हैं तो अपने आप पर भरोसा कीजिये या यूं कहना भी उचित ही होगा कि अपने आप से प्यार कीजिये, देखिये आपका आत्म–विश्वास कैसे आसमान छूता है जिसकी चर्चा हम पहले कर चुके हैं.

6. हमेशा सकारात्मक रहिये

अगर आप अपने आप पर भरोसा रखेगें तो आप आत्म विश्वास से लबरेज रहेंगें जैसाकि अभी हमने चर्चा की.

परन्तु तनाव मुक्ति के लिए यह भी आवश्यक है कि आपकी सोच सकारात्मक हो अर्थात आप माहौल, व्यक्तियों, वस्तुओं एवं आस–पास हो रही घटनाओं को अपने अनुकूल महसूस करें.

सुबह की सैर, तैराकी, कोई भी खेल जो आपको रोचक लगता हो अथवा ऐसी किसी भी गतिविधि को अपनी दिनचर्या का हिस्सा बना लें और एक प्रकार से उसकी अगर आप लत ही लगा लें तो यह तनाव प्रबंधन में आपकी बहुत सहायता कर सकती है. क्योंकि जब आप कोई ऐसा सकारात्मक काम करते हैं जिसकी आपको लत ही लग गयी है तो यह गतिविधि आपको मानसिक एवं शारीरिक रूप से तरोताजा कर देती है.

अपने आप को प्रसन्न रखने का प्रयत्न कीजिये और हर जगह खुशियां ढूंढिये. ऐसे व्यक्तियों से मित्रता कीजिये जो खुशमिजाज और मददगार हों, ऐसे मित्र अगर आपके आस–पास होंगें तो बेहद मुश्किल घड़ी में भी आपको तनाव नहीं होगा क्योंकि आपका सपोर्ट सिस्टम आपकी मदद के लिए तैयार होगा. छोटी मोटी चीजों को नजरंदाज करना सीखिये. अनावश्यक प्रतियोगिता से बचिये जैसे सडक पर अगर किसी ने आपको ओवरटेक कर लिया तो बस आप बैचेन हो जायें कि यह मुझसे आगे कैसे निकला. अगर आप किसी कारणवश तनावग्रस्त महसूस कर रहे हैं तो अपना मनपंसद संगीत सुनिये. संगीत में वो ताकत है कि एक बार तो मरणासन्न व्यक्ति में भी जान डाल दे, आजमा कर तो देखिये.

7. रिश्ते बनाईये

विश्व भर में हुए कई चिकित्सा अनुसंधानों में यह निष्कर्ष निकला है कि आत्महत्या, अवसाद, तनाव, हृदयाघात, मानसिक रोग आदि का एक बहुत बडा कारण अकेलापन है. अतः मानसिक रूप से स्वस्थ बने रहने के लिए आवश्यक है कि आप रिश्ते बनाईये. सकारात्मक और अच्छा संबध वही है जहां दोनों ओर से संवाद हो, एक दूसरे पर भरोसा हो और संबध भावनात्मक स्तर तक जुडे हों फिर चाहे वह मित्र हों, रिश्तेदार हों, सहकर्मी हों या पडोसी. आपकी जान पहचान बहुतों से हो सकती है पर इस तरह का रिश्ता गिनती के लोगों से ही हो सकता है और यही भावनात्मक संबध आपको यह विश्वास दिलायेगा कि किसी भी मुसीबत में आपके साथ खडे होने वाले लोग आपके जीवन में हैं और यही विश्वास आपको हर तरह की चिन्ता और तनाव से दूर रखेगा. एक शोध के अनुसार वार्तालाप के दौरान आप सामने वाले को सिर्फ 7 प्रतिशत अपने बोले गये शब्दों से प्रभावित करते हैं, 55 प्रतिशत संदेश उसे आपकी शारिरिक मुद्रा से मिलता है और 38 प्रतिशत आपकी बात कहने के लहजे से. अतः अगर आप मित्र बनाना चाहते हैं तो आपके वार्तालाप में गरमजोशी भी झलकनी चाहिए.

अगर आप तनावमुक्त जीवन चाहते हैं तो मित्र बनाईये एवं दूसरों की इज्जत कीजिये और उनसे उसी तरह का व्यवहार कीजिये जैसा कि आप अपने लिए उनसे अपेक्षा रखते हैं. अपने संबधों के प्रति ईमानदार रहिये और मित्रों से हमेशा संपर्क में रहिये.

8. समय–प्रबंधन कीजिये

आज की भागदौड भरी जिन्दगी में तनाव का एक बहुत बडा कारण है समय की कमी. बहुत से लोग सिर्फ इसीलिए बेहद तनाव में रहते हैं क्योंकि वह समय के साथ तारतम्य नहीं बैठा पाते क्योंकि उनको लगता है कि उनके पास काम बहुत ज्यादा है और समय बहुत कम. सत्य तो यह है कि सबके पास समय तो 24 घंटे का ही है बस जो तनावरहित रहते हैं उन्हें समय प्रबंधन की कला आती है और जो नहीं जानते वह हमेशा तनावग्रस्त. तनावरहित और खुशहाल जीवन व्यतीत करने के लिए आप समय प्रबंधन के निम्न तकनीकों को अपना सखते हैं:

❖ अपनी प्राथमिकताएं तय कीजिये और उन्हीं के अनुसार अपनी कार्ययोजना बनाईये और उसको सूचीबध्द कर लीजिये.

❖ कठिन अथवा समय लेने वाले काम को बाद के लिये नहीं टालिये, आपको बेहद सुखद अनुभूति होगी जब आप उस काम को समाप्त कर लेगें जिसे आप अब तक टाल रहे थे.

❖ इस सत्य को मान लीजिये की आप हमेशा हर काम स्वंय नहीं कर सकते, दूसरों को भी जिम्मेदारी दीजिये और उन पर भरोसा करना सीखिये.

❖ अपने कार्यस्थल को साफ–सुथरा और व्यवस्थित रखिये, अन्यथा काम करने के समय के अलावा आप काफी समय तो काम की चीज ढूंढने में ही व्यर्थ कर देंगें.

❖ समय प्रबंधन के लिए एक और आवश्यक सुझाव यह हो सकता है कि आप ना करना सीखिये, अगर आप अपनी प्राथमिकताओं के अनुसार अपना कार्य निष्पादन करना चाहते हैं तो अनचाहे काम को सादर मना कर सकते हैं, कोई उसका बुरा नहीं मानेगा.

❖ सप्ताह में कुछ समय सिर्फ अपने लिए अवश्य निकालिये और इसे उस कार्य में लगाईये जो आपको खुशी देता है जैसे परिवार के साथ पिकनिक, अपना प्रिय खेल खेलने अथवा देखने के लिए, सैर–सपाटे के लिए, आदि. जॉन वानामैकर के शब्दों में **'जो लोग मौज–मस्ती के लिए समय नहीं निकाल पाते वो देर–सवेर बीमारी के लिए समय निकाल ही लेते हैं'.**

अगर आपने निम्न आदतों को अपना लिया तो आप चिंता, तनाव एवं विषाद और इन कारको से जनित व्याधियों से कोसों दूर रहेंगें और खुशियों और आंनद से भरा जीवन जी सकेगें:

✓ ऐसा सोचना उचित नहीं कि संसार का संपूर्ण उत्तरदायित्व आपके ही कंधों पर है;

✓ जो आपका काम है बस उसे ही निश्चयपूर्वक मन लगाकर करिये;

✓ कार्य निष्पादन के लिए योजना बनाईये और उस योजना पर अमल कीजिये;

✓ सब कुछ एक साथ करने का प्रयास मत कीजिये;

✓ सही दृष्टिकोण अपनाईये;

- ✓ जो कुछ भी करिये, कुशलापूर्वक और मन लगाकर करिये;
- ✓ रिलेक्सशेसन का अभ्यास कीजिये और दिन का कुछ वक्त सिर्फ अपने लिये निकालिये जब आप अपने शौक पूरे कर सकते हैं जैसे बागवानी, गाने सुनना एवं गुनगुनाना, कोई भी समाज सेवा का कार्य करना जिसमें आपको खुशी मिलती है, आदि, आदि. **'जिन्दगी'** जीने का नजरिया बदलिये और हर पल का आनंद लीजिये क्योंकि–

जिन्दगी जीने के लिये है
इसे जी भर जी लो यारों
सुख के सागर में तो लगाते हो गोते
मिले गम तो उन्हें भी हंस कर पी लो यारों,
अपनों को देखकर तो मुस्कराते हैं सभी,
कभी बेगानों पर भी मुस्कान तो उछालो यारों
जिन्दगी जीने के लिये है
इसे जी भर जी लो यारों.....

खुलकर हंसों इतना की पेट दुख जाये
बच्चों के साथ बच्चा बन
कुछ समय तो गुजारों यारों,
योग और व्यायाम से
सिर्फ बढ़ती ही नहीं जिन्दगी
यह भर देता जिन्दगी में प्राण यारों,
चुनौतियों से घबरा कर मुंह मत मोड़ो,
आगे बढ़ने के लिये
कुछ जोखिम भी तो उठा लो यारों

जिन्दगी जीने के लिये है
इसे जी भर जी लो यारों...

फोटो खिंचवाने के लिये बनाओ मनमाने पोज,
नाचो–गाओ चाहे नाचना ना आये यारों
लोग क्या कहेंगें इस चिन्ता को छोड़,
जिन्दगी अपनी शर्तों पर बिताओ यारों
दोस्ती बड़े काम की चीज़ है
कुछ तो दोस्त बनाओ यारों,
जिन्दगी जीने के लिये है
इसे जी भर जी लो यारों.....

कल उठो ना उठो बिस्तर से,
पर उठने के लिये रोज़
अलार्म तो लगाते हो प्यारों
बस इसी सोच के साथ जिन्दादिली से
जिन्दगी बिता लो यारों.

सुना तो होगा पहले भी कई बार कि...
कायर मरते हैं मरने से पहले हजारों बार,
बहादुर मरते हैं सिर्फ एक बार,
इसीलिये मृत्यु का भय छोड़,
हर दिन जिन्दगी का जश्न मनाओ यारों,
मृत्यु अटल है तो फिर
उसकी चिन्ता क्यूं करना बार–बार
जिन्दगी जीने के लिये है
इसे जी भर जी लो यारों.....

9. सत्तर प्रतिशत्

यूं तो यह लेख मेरे वरिष्ठ मित्रों को समर्पित है परन्तु सत्य यह है कि हम सभी के लिये 'सत्तर प्रतिशत्' की अहमियत जानना जरूरी है. अतः आपकी उम्र कुछ भी हो, इस लेख को अवश्य पढिये और अपने भविष्य के साथ–साथ अपने वर्तमान को भी खुशहाल बनाईये. रिटायरमेंट अर्थात सेवा निवृति एक ऐसा शब्द है जो सेवारत कर्मियों के मन में तब हलचल मचा देता है जब सेवा निवृति का समय निकट आने लगता है और कुछ लोग तो सेवा निवृति को लेकर बेहद तनावग्रस्त हो जाते हैं. यधपि यह सत्य है कि जिस दिन उन्होनें अपना सेवाकाल शुरू किया था उसी दिन उन्हें पता था कि इस वर्ष, इस दिन और तारीख को मुझे सेवानिवृत होना है. फिर आज ऐसा क्या हो गया कि आपका मन आंदोलित हो उठा. अपने मन को समझाईये कि यह दिन तो दशकों पहले तय हो गया था और अपने भाग्य पर इठलाईये कि आप सही सलामत इस दिन तक पहुंच गये और जीवन के इस दौर तक आते–आते आपने अपनी अधिकांश सामाजिक जिम्मेदारियों का निर्वाह कर दिया है यथा बच्चों की शिक्षा, उनका विवाह, अपना घर और आर्थिक आत्म–निर्भरता, आदि. आपका यह सकारात्मक दृष्टिकोण ही आपको बहुत संबल देगा और उत्साह से भर देगा.

सुख और शान्तिपूर्ण सेवा निवृत जीवन जीने के लिये दो ही चीजें अनिवार्य हैं एक आपका सकारात्मक नजरिया अर्थात ऐटी्टयूड और दूसरी आपकी आर्थिक

स्वतत्रंता. आर्थिक स्वतंत्रता पर हम विस्तार से चर्चा करेंगें, पहले निम्न बातों पर गौर कीजिये जिन पर अमल करके आप प्रफुल्लित महसूस करेगें और अपने जीवन की दूसरी पाली में ना सिर्फ चुस्त–दुरूस्त रहेंगें अपितु जीवन का पूर्ण आंनद अपने इसी सांध्यकाल में उठायेगें क्योंकि अब आपको अपने लिये जीना है.

1. अपने आप को कभी बूढा या अशक्त ना समझियेः

आज विज्ञान ने इतनी उन्नति कर ली है कि हमारे देशवासियों की औसत आयु 77 वर्ष तक पहुंच गयी है, अर्थात अभी तो आप काफी हृष्ट–पुष्ट हैं और स्वस्थ हैं, तो क्या आप अपने आप को सिर्फ इसीलिये बूढों में शामिल कर लें कि आज आप सेवानिवृत हो रहे हैं.

2. अपने स्वास्थय का ध्यान रखेंः

सदैव स्मरण रहे कि हमारा शरीर हमें भगवान से मिला सबसे बहुमूल्य उपहार है जो जीवन पर्यंत आपका साथ देगा अतः अपने शरीर की सदैव देखभाल करें. अनुशासित दिनचर्या, पौष्टिक खानपान, नियमित व्यायाम, थोड़ा विश्राम और थो़डा मनोरंजन एवं सामाजिक मेल–मिलाप आपके सुखी एवं स्वस्थ जीवन की सरलतम् कुंजी है. जरूरत पड़ने पर अपनी सभी आवश्यक जांच आदि कराते रहें और अपने स्वास्थय् का ख्याल रखें. यहां मैंने जानबूझ कर 'जरूरत पड़ने पर' लिखा है जो मेरे एक डाक्टर मित्र जो एम्स दिल्ली से गोल्ड मेडलिस्ट पेथोलोजिस्ट हैं ने मुझे बातों–बातों में बताया था. उनके अनुसार शरीर आपको समस्या का संकेत देता है जैसे नींद में खलल्, हाथ

पैरों में बेवजह दर्द या कुछ और परेशानी जिसका कोई स्पष्ट कारण नहीं है, तब जांच आवश्यक है अन्यथा उन्होंने अपने जीवन में ऐसे बहुत से मरीज़ देखें हैं जो नियमित जांच से पहले तो भले–चंगे थे लेकिन जांच–रिपोर्ट में कुछ उपर–नीचे आने पर वे दवाईयों के चक्कर में पड़ गये और अपने अच्छे भले स्वास्थय् से खिलवाड़ कर बैठे क्योंकि मेड़ीकल सांइस द्वारा प्रस्तावित सीमाएं सिर्फ 'औसत सीमाएं' हैं.

3. तनावमुक्त रहें और खुलकर हंसेः

तनाव एक ऐसा रोग है जो ना जाने कब आपके मन मस्तिष्क को घेर लेता हैं और काफी देर बाद इसके लक्षण शरीर पर प्रकट होते हैं. अतः ऐसी स्थितियों से बचिये जो आपको तनावग्रस्त कर सकती हैं. हमने शरीर को स्वस्थ रखने के लिये तो व्यायाम की चर्चा की परन्तु मन को स्वस्थ रखने के लिये भी व्यायाम जरूरी है और इसके लिये सबसे सरल व्यायाम है कि खुल कर हंसे जैसा कि हमने पहले ज्रिक किया है.

इस भाग–दौड भरी दुनिया में आपने अपने सामाजिक, आर्थिक और भावनात्मक कर्तव्यों की पूर्ति हेतु बहुत भाग दौड़ कर ली और जितना तनाव झेलना था वह भी झेल लिया अब जिन्दगी के इस पडाव पर तनावमुक्त जीवन के लिये सिर्फ आत्मानुशासन की आवश्यकता है. अगर आपने पिछले अध्याय में वर्णित आदतों को अपना लिया तो आप तनाव और तनाव–जनित व्याधियों से कोसों दूर रहेंगें:

4. समय की अहमियत को पहचानेः

जीवन के इस पडाव पर आपको समय की अहमियत पहचानने की सबसे अधिक आवश्यकता है क्योंकि अब आपमें ना वो शक्ति है और ना ही वह उत्साह की आप 24 घंटे लगातार काम कर सकते हैं. अतः इस दौर में स्वस्थ और कुशलतापूर्वक जीवन–यापन के लिये आपको एक टाइम–टेबिल की आवश्यकता है जिसमें आपके 24 घंटों की दिनचर्या शामिल हों. कृपया यह सोच कर ना बैठ जायें कि अब कैसा टाइम टेबल और कैसी मारा–मारी, अब तो 24 घंटे सिर्फ आराम ही आराम है. यह आपके जीवन की सबसे बडी भूल होगी. अभी आप में बहुत सामर्थ्य बाकी है, कुछ ना कुछ करने के बारे में सोचिये फिर चाहे वो सिर्फ समाज–सेवा ही क्यों ना हो अगर आप आर्थिक रूप से अपनी आवश्यकताओं की पूर्ति हेतु सक्षम हैं. मैंने अपने जीवन काल में कई ऐसे लोगों को अवसादग्रस्त होते देखा है जो रिटायरमेंट के बाद खाली बैठ गये और कुछ समय आंनद से बिताने के बाद जीवन का खालीपन उन्हें खलने लगा और यह अहसास की अब उनकी किसी को आवश्यकता नहीं है, उनकी चिन्ता का कारण बन गया और अन्ततः उन्हें अवसाद ने घेर लिया.

5. बदलाव को स्वीकार करने के लिये तैयार रहें:

जब हमारा अपने माता–पिता से मतभेद होता था तो हम हमेशा यही कहते थे कि वे पुराने जमाने के हैं इसीलिये हमें नहीं समझते. अब समय आ गया है कि आप अपने ही बच्चों के लिये पुराने जमाने के हैं और अगर आप बच्चों की मनोस्थिति को समझने के लिये तैयार नहीं होंगें तो वह भी आपको दकियानूसी कहेंगें

और हो सकता है कि आपकी अवहेलना भी करने लगें यधपि उनका इरादा आपको ठेस पहुंचाने का कदापि नहीं होगा, परन्तु आपके और उनके विचारों का यह मतभेद उन्हें आपके पास आने से रोकेगा. अतः खुले हृदय से बदलाव को स्वीकार करने के लिये तैयार रहें और यह मानकर जीयें कि जेनरेशन गेप एक शाश्वत् सत्य है और हमें अपने आप को बदलना ही पडेगा. पिज्जा और बर्गर के इस युग में अगर आप बच्चों को सत्तू खिलाने की सोचेगें तो चाहे सत्तू में लाख गुण हों, हार आपकी ही होगी तो क्यों ना आप भी पिज्जा और बर्गर का स्वाद लें.

6. अपने सुख और समृध्दि के बारे में भी सोचें:

अगर आप कल तक के अपने जीवन पर नजर दोड़ायेगें तो आपको आश्चर्य होगा कि आपने दिन रात मेहनत कर जो कमाया वह अपने परिवार की खुशहाली पर लगा दिया फिर चाहे वह उनकी बेहतर से बेहतर शिक्षा–दीक्षा हो, उनका विवाह हो अथवा अन्य सामाजिक जिम्मेदारियां. अब समय है कि आप अपने सुख और समृध्दि के लिये भी सोचें. आपने अपने कर्तव्यों का निर्वाहन कर दिया है, अब आपका समय है अपनी बची हुई पूंजी का इस्तेमाल अपने सुख–सुविधा पर खर्च करने के लिये. यधपि यह कहना बहुत आसान है कि अब हम अपने लिये जीयेगें परन्तु यह बडा कठिन कार्य है क्योंकि इस उम्र तक आते–आते आप अपने लिये जीना ही भूल गये हैं. धीरे–धीरे इसकी आदत डालिये और अपने और अपने जीवन–साथी की खुशियों के लिये भी कुछ खर्च कीजिये जिसने पूरी

जिन्दगी आपसे बिना कुछ मांगे आंख मूंद कर बस आपका साथ दिया.

7. दूसरों की गलतियों को भूलने और उन्हें माफ करने की आदत डालें:

जीवन की इस वेला में अब आपके पास इतना समय नहीं है कि आप दूसरों की गलतियों के लिये उन्हें दोषी मानकर उन्हें सजा दें अर्थात उनसे संबध बिगाड़ लें और इंतजार करें कि कभी तो उन्हें अपनी गलती का अहसास होगा और वह आपसे क्षमा मांगेगें. मित्रों इस दौरान आप सिर्फ अपना नुक्सान ही करेंगें क्योंकि उनकी गलती को याद कर करके आप अपने लिये तनाव ही पैदा करेगें, अतः माफ करने की आदत डालिये और बातों को लम्बा और तनावग्रस्त होने से बचाईये. वो दोहा याद कीजिये जो आपने बचपन में पढा था कि– क्षमा बड़ेन को चाहिये, छोटन को उत्पात....आपका दूसरों को उनकी गलतियों के लिये भी उन्हें क्षमा करना ही आपका बडप्पन है और अब आप बड़े तो हो ही गये हैं.

8. यह मानकर जियें कि जो हो रहा है उसका होना तय है:

आपने अपने जीवनकाल में बहुत सी चुनौतियां का सामना किया और हो सकता है कि बहुत ही कुशलतापूर्वक आपने विषम् परिस्थितियों को भी अपने वश में किया. जीवन के इस काल में अब यह मानकर चलें कि जो हो रहा है, उसका होना तय था, अतः उसको स्वीकार करने में ही भलाई है. यह समय नहीं है कि आप नित–नवीन चुनौतियों का सामना करें

क्योंकि परिस्थितियों को अपने वश में करने के लिये जो उर्जा आपको चाहिये वह अब आपके पास नहीं है और अगर है भी तो वह अन्य उपयोगी कार्यों के लिये आपने संचित करके रखी है. प्रसिध्द लेखक स्टीवन कोवे का विश्व प्रसिध्द 90/10 सिंद्वात याद रखिये कि सिर्फ 10 प्रतिशत परिस्थितियां ऐसी होती हैं जिनको आप अपने हक में कर सकते हैं और बाकी 90 प्रतिशत परिस्थितियों पर आपका बस नहीं चलता तो उनको स्वीकार कीजिये और बेकार के तनाव से बचिये. यूं तो यह सिंध्दात हर उम्र के लोगों पर सामान तौर पर लागू होता है पर जीवन के इस पड़ाव पर आपको इसकी अधिक आवश्यकता है.

9. मृत्यु का भय मन से निकाल दें:

आप सिर्फ सेवानिवृत हुए हैं अभी आपका बहुत जीवन बाकी है, यह भय मन से निकाल दीजिये कि अब आपका अन्तिम समय आ गया, यह मैं इसीलिये कह रहा हूं कि जाने–अनजाने यह भय कहीं ना कहीं आपके मन में अवश्य आ गया होगा. मृत्यु एक शाश्वत् सत्य है और एक ना एक दिन सबको जाना है, फिर कल की चिन्ता में अपना आज क्यों बेकार किया जाये. मैंने बचपन में एक अंग्रेजी कविता पढी थी उसकी पहली लाइन ने मुझे इतना प्रभावित किया कि मैं अपने कार्यकाल की कठिनतम पदस्थापना को भी आराम से पूरा कर आया. वह पंक्ति कुछ इस प्रकार थी – *'कावर्ड डाई मेनी टाइम्स बीफोर देयर डेथ'* अर्थात डरपोक व्यक्ति अपनी मृत्यु से पहले मृत्यु के भय से कई बार मरता है. जब पंजाब में आंतकवाद अपनी चरम सीमा पर था तब मेरी वहां पदस्थापना हो गयी.

मुझे जो घर किराये पर मिला उसकी मकान–मालकिन बेहद डरपोक थी और शाम 6 बजे के बाद अपने घर में ही जाने के लिये मुझे उनके कई सवालों का जवाब देना पडता था क्योंकि प्रवेश–द्वार एक ही था. एक दिन मेरा उनसे इसी बात पर वाद–विवाद हो गया. तब उन्होनें मुझे कहा कि बेटा, समय बहुत खराब है, जल्दी आया करो, अभी कुछ महीने पहले ही साथ वाले घर में उनका जवान बेटा घर की छत पर सो रहा था और आंतकवादी कहीं से वारदात करके अंधाधुंद फायरिंग करते भाग रहे थे और एक गोली उस जवान बालक के सिर में घुस गयी. दूसरे दिन सुबह जब वो काफी देर तक नीचे नहीं आया तो मां उसको छत पर उठाने गयी तो देखा कि वो खून से लथपथ पड़ा है. तब मैंने उनसे कहा कि वह बेचारा तो अपने घर में दरवाजे को अच्छी तरह ताला लगाकर सो रहा था, फिर उसकी जान क्यों गयी? क्योंकि उस गोली पर उसका नाम लिखा था जो उसको लगी. कहने का तात्पर्य यह है कि कल जो होना है वह होगा, इसी चिन्ता में हम अपना आज क्यों खराब कर लें, हां जितना आपके वश में हैं उतना अपना और अपने माल–असबाब का ध्यान अवश्य रखिये जैसे एक–दूसरे से यह पूछने से बेहतर है कि बाहर का दरवाजा बन्द किया कि नहीं, एक बार स्वंय चैक कर लीजिये, मेरी पत्नी की आदत है कि वह रात को रसोई गैस सिलेन्ड़र रेगुलेटर से बंद कर देती हैं, यह सुरक्षित भी है और बचत भी. यह सब आपको तनावमुक्त रखेगा, नही तो जरा सा खटका होने पर आप याद करने लगेगें कि दरवाजा बन्द है कि नहीं, आदि, आदि.

10. आर्थिक रूप से आत्म–निर्भर रहें:

सेवानिवृत जीवन को सहज और सुन्दर ढंग से जीने के लिये अनिवार्य है कि आप आर्थिक रूप से आत्म निर्भर हों. आपकी किसी और पर आर्थिक निर्भरता आपको भीरू बना देगी क्योंकि अपनी हर छोटी–बडी आवश्यकता की पूर्ति के लिये आपका निर्णय किसी और की हां–ना पर निर्भर करेगा जो अन्ततः आपके तनाव का कारण बनेगा. मैंने कहीं एक उक्ति पढी थी जो मुझे बहुत अच्छी लगी – *'मैं हमेशा खुश रहता हूं क्योंकि मैं किसी से कोई उम्मीद नहीं रखता, उम्मीदें हमेशा दर्द देती हैं'*

आप छोटे–छोटे उपायों को अपनाकर अपनी जीवनभर की जमा पूंजी का इस प्रकार समायोजन कर सकते हैं कि आप अपना सेवानिवृत जीवन पूर्णतया आत्म निर्भर हो कर काट दें और हो सकता है कि अपने जाने के बाद भी परिजनों के लिये कुछ छोड़ कर ही जायें. सेवा निवृति के बाद भी अपनी आर्थिक स्वतंत्रता को बनाये रखने के लिये निम्न उपाय अपनाईयेः

1. कार्यशील रहियेः

अभी आप पूर्णतया स्वस्थ हैं अतः कुछ भी कार्य करते रहिये. हो सकता है कि आप अब उतना समय और शक्ति कार्य को नहीं दे सकते परन्तु बिल्कुल खाली बैठने से कुछ करते रहना शारिरिक, मानसिक और आर्थिक तीनों तरह से आपके लिये लाभकारी है. इस तरह से आप अपनी समृध्दि में भी वृध्दि करते रहेंगें चाहे वह थोडी बहुत ही क्यों ना हो. हमेशा याद रखिये

कि चक्रवृध्दि ब्याज में बहुत ताकत है और यह छोटी कमाई कुछ वर्षों में आपको बड़ी दिखायी देगी.

2. बजट बनाईये और उस पर अमल कीजिये:

आपने पाई–पाई करके अपनी सेवा निवृति के बाद के लिये धन जोड़ा है और अब आपकी कमाई का जरिया यही जमा पूंजी है. अतः अब आवश्यकता है कि आप हर माह का बजट बनायें और उस पर अमल करें. इसका तात्पर्य यह कदापि नहीं कि आप कंजूसी में जीवन व्यतीत करें, बस इतना कीजिये कि आपने जो बजट बनाया है, जिसमें आपने अपने शौक को पूरा करने का भी ध्यान रखा है, उस सीमा तक खर्च कीजिये. तब देखिये कि आप शान से और सूकून से जियेगें क्योंकि आपको हमेशा पता होगा कि इतना आपके पास अभी बाकी है.

सेवा निवृति पर सबसे बडा जोखिम यह है कि आपको एकमुश्त बहुत सारा पैसा मिलता है यधपि यह आप ही का पैसा है जो आपने वर्षों तक अपने खर्चों को सीमित रख कर जोडा है, परन्तु आज सारा पैसा आपके हाथ में है. इस मौके पर निम्न जोखिमों से बचिये:

क. रिटायरमेंट में मिला पैसा आपके शेष जीवन के लिये:

अचानक आई इस रईसी से आप रईसों की तरह खर्च करना शुरू मत कर दीजिये क्योंकि यह पूंजी आपको अपने शेष जीवन भर में खर्च करनी है. किसी बड़े खर्चे की कम से कम पहले 6 महीने में कोई योजना ना बनाईये यथा नई कार, नया घर, बडा निवेश, आदि. यह वो समय है जब आपके हाथ में बहुत पैसा है

परन्तु ध्यान रहे कि यह पैसा आपको अगले 20–25 वर्षों में खर्च करना है नाकि अगले 20–25 महीनों में.

ख. मुद्रास्फीति की ताकत समझिये

मुद्रास्फीति की ताकत को नजरअंदाज ना करिये अर्थात यह सोचकर खर्च मत करिये कि मुझे अपने जीवन–यापन के वर्तमान स्तर को बनाये रखने के लिये आज जितने पैसों की आवश्यकता है उतने की ही कल भी होगी. पिछले दशक में हमारे देश में मंहगाई दर लगभग 7 प्रतिशत रही है अर्थात आज अगर आपको घर खर्च चलाने के लिये रू. 30,000/– प्रतिमाह चाहिये तो इसी स्तर को बनाये रखने के लिये 10 वर्ष बाद रू. 60,000/– प्रतिमाह लगेंगें और अगले 10 वर्ष के बाद रू.1,20,000/– प्रतिमाह. चौंक गये ना. अतः ना सिर्फ सोच समझ कर खर्च कीजिये बल्कि निवेश भी इस तरह कीजिये कि वो आपको मुद्रास्फीति से उपर ही कुछ ब्याज दे.

ग. जोखिम भरे निवेश सोच–समझ कर करियेः

अर्थशास्त्र का बहुत पुराना नियम है कि ***'लाभ जोखिम उठाने का पुरूस्कार है,'*** अतः अगर आप अपनी जमा पूंजी से अधिकतम लाभ कमाना चाहते हैं तो आपको अत्याधिक जोखिम भरे निवेश करने होंगें. परन्तु ऐसा करने से पहले जरा सोचिये कि जीवन के इस काल में आप इतना जोखिम उठाने के लिये तैयार हैं कि अपनी जमा पूंजी भी गंवा बैंठें. अतः ज्यादा लाभ के मोह से बचिये और अपने पोर्टफोलियो अर्थात निवेश सूची को बहुत सोच समझ कर तैयार कीजिये. आप इस कार्य के लिये किसी वित्तीय सलाहकार की राय भी ले

सकते हैं और यह सही भी रहेगा, परन्तु ऐसा सलाहकार चुनिये जोकि आपसे फीस लेकर आपको राय दे नाकि वहां निवेश करवाये जहां से उसे कमीशन मिलता हो.

3. बचत की मानसिकता बनाईये:

बचपन से हमने सुना है कि अमीर बनने के दो ही रास्ते हैं, ***पहला – ज्यादा कमाईये और दूसरा – कम खर्च कीजिये.*** हमने विस्तार से चर्चा की कि सेवानिवृति का दिन बहुत पहले से तय है, अतः इस दिन के आने तक के समय तक आप छोटी–छोटी बचत करते रहें और फिर चक्रवृध्दि ब्याज का कमाल देखें कि रिटायरमेंट के दिन आपके पास कितना पैसा होगा. कुछ योजनाएं जिसमें सबसे सुरक्षित निवेश लम्बी अवधि के लिये किया जा सकता है और जो पूर्णतया कर मुक्त हैं जैसे – कर्मचारी भविष्य निधि, स्वेच्छिक भविष्य निधि, लोक भविष्य निधि एवं अन्य योजनाएं जैसे क्रमबध्द निवेश 'एस.आई.पी', आदि.

यह तो सेवानिवृति से पहले की बातें हैं, चलिये सेवा निवृति के बाद एक सुरक्षित और नियमित आय के लिये हमारे पास क्या क्या विकल्प हो सकते हैं, उन पर संक्षेप में चर्चा कर लेते हैं यूं तो मैंनें इस विषय पर **'वेल्थ एंड वेलबींग – ए कम्परीहेन्सिव गाइड टू इन्वेस्टमेंट एंड रिटायरमेंट प्लानिंग'** नामक पूरी पुस्तक ही लिख ड़ाली है.

लोक भविष्य निधि खाते का संचालन:

सुरक्षित भविष्य के लिये मेरी पहली पंसद पी.पी.एफ. खाता है क्योंकि अगर कोई व्यक्ति 25 वर्ष की आयु से

केवल 5000/– रूप्ये प्रतिमाह इस खाते में जमा करता है तो उसे 61 वें वर्ष में लगभग 90 लाख रूपये मिलेंगें और इसी प्रकार रू. 10000/– प्रति माह जमा करने पर लगभग 1 करोड़ 82 लाख. यह आज की प्रभावी ब्याज दर पर गणना है. अगर जीवन भर कर–मुक्त आय का मजा लेना है तो पति–पत्नी दोनो के इस खाते को जीवन भर चलाते रहिये और अपना वार्षिक खर्च साल में एक बार निकालते रहिये. विश्वास मानिये, आपके पैसे कभी खत्म नहीं होंगें.

सीनियर सिटीजन सेविंग स्कीमः

भारत सरकार ने इस वर्ष से वरिष्ठ नागरिकों के लिये इस योजना में अधिकतम राशि जमा करने की सीमा 15 लाख से बढ़ाकर 30 लाख रूप्ये प्रति वर्ष कर दी है और इसकी ब्याज दर भी आजकल 8.2 प्रतिशत है, अपनी रिटायरमेंट में मिली पूंजी को इस योजना में सुरक्षित निवेश कर सकते हैं. अगर जीवन साथी की उम्र भी 60 पार कर चुकी हो तो उनके नाम पर 30 लाख रूप्ये का निवेश किया जा सकता है.

पोस्ट आफिस की मासिक आय योजना, सरकारी बांड, एन. एस. सी., के.वी.पी., बैंकों की एफ.डी. इत्यादि. आजकल छोटे बेंक वरिष्ठ नागरिकों को आकर्षक ब्याज दे रहे हैं और इन बैंकों में भी आपका पांच लाख रूपये तक का निवेश भारत सरकार द्वारा बीमित है अर्थात पूरी तरह सुरक्षित है, इन बैंकों में भी समझदारी से निवेश कर अधिकतम लाभ कमाया जा सकता है. अगर कुछ भी नगद आपके पास नहीं बचा है परन्तु आपका अपना मकान या फ्लेट आपके पास है जिसमें

आप अपने जीवन साथी के साथ रह रहे हैं तो भी चिन्ता की कोई बात नहीं, **'रिवर्स मोर्टगेज्'** स्कीम की जानकारी लीजिये और आजीवन आपके लिये नगदी का इन्तजाम हो जायेगा.

रिटायरमेंट के बाद भी एक सुखी, खुशहाल और परिपूर्ण जीवन जीने के लिये निम्न बातों का अवश्य ध्यान रखिये :–

1. अपनी जीवन भर की जमा पूंजी को सुरक्षित और सही ढंग से निवेश करने के लिये अगर आवश्यक लगे तो किसी वित्तीय सलाहकार की सेवाएं लीजिये.

2. यथासंभव प्रयास कीजिये कि सभी बैंक खाते आपके जीवन साथी के साथ संयुक्त हो परन्तु उन्हें सयुंक्त और पृथक रूप से संचालित किया जा सके

3. अपने हर खाते, जीवन बीमा पालिसी और अन्य डिपाजिट आदि के लिये नामिनी अर्थात वारिस का उल्लेख अवश्य कीजिये.

4. आपके पास उपलब्ध सारी संपति, निवेश, बैंक खातों आदि की सूची बनाकर उसे सुरक्षित स्थान पर रखिये जिसकी घर में किसी को जानकारी हो.

5. अपने जीवनसाथी, वकील अथवा किसी विशेषज्ञ से सलाह करके वसीयत बनाईये और उसे किसी सुरक्षित स्थान पर रखवा दीजिये जिसकी जानकारी परिजनों को हो.

6. अपना वारिस मनोनीत अवश्य कीजिये परन्तु उनको संपत्ति हंस्तातरित ना करिये.

7. वरिष्ठ नागरिकों को मिलने वाली सुविधाओं का लाभ उठाने हेतु अपने वोटर कार्ड, पासपोर्ट, पैन नम्बर आदि की प्रति हमेशा अपने साथ रखिये.

अंत में बस इतना ही ध्यान रखिये कि जीवन जीने का सही और सकारात्मक नजरिया अपना कर आप अपने जीवन की दूसरी पारी को और भी सुन्दर एवं सुरूचिपूर्ण बना सकते हैं क्योंकि अब आपके सिर पर जिम्मेदारियों का बोझ नहीं है. हाल ही में किये गये एक अध्ययन के अनुसार व्यक्ति अपनी कुल कमाई का केवल 30 प्रतिशत ही अपने जीवनकाल में खर्च कर पाता है और 70 प्रतिशत अपने परिवार के लिये छोड जाता है, अतः पैसों की चिन्ता छोड़ इस **'सत्तर प्रतिशत'** कविता का आनंद लीजियेः

एक दिन एक छोटी सी कहानी पर

अनायास ही नज़र पड गयी,
पढ़ कर उसे मेरे दिमाग की बत्ती जल गयी,
सोचा यह कहानी आपको भी सुना दूं
आपके दिमाग की बत्ती भी जला दूं.

घटना कुछ इस प्रकार थी,
एक अमीर आदमी को
और अमीर बनने की चाह थी,
चार फेक्ट्री को आठ करने की आस थी,
इसीलिये सुबह–शाम वह काम करता
बिल्कुल भी ना वो आराम करता.

एक दिन अचानक हृदयाघात् से
उसकी असमय मृत्यु हो गयी,
कुछ दिन के विलाप के बाद
उसकी पत्नी अपने ही पति के
ड्राइवर की अर्धांगिनी हो गयी.

ड्राइवर पति ने एक दिन
इस बात पर बड़ा दुख जताया,
रात–दिन साहब जब मेहनत करते थे,
मैंने कभी ना सोचा था कि
वो मेरे लिये इतना खटते थे,
मैं उनका शुक्रिया भी अदा ना कर पाया,
हे प्रभु, तूने मुझसे ये कैसा अनर्थ कराया.

बात छोटी सी थी पर मुझे समझ आ गयी,
किस बात की मारा–मारी
किसके लिये ये हाय–तौबा मचायी,
जितना आप कमायेगें
उसका सत्तर प्रतिशत यहीं छोड़ जायेगें.

कर देगें आप आज
अपनी सभी खुशियों को कुर्बान,
ताकि आपके पास हो
भरपूर धन–दौलत और बड़ा सा मकान,
घर तो बड़ा ले लेगें,
पर उसके तीस प्रतिशत का ही उपयोग करेगें,
गाड़ी आपकी बड़ी होगी,

पर उसकी अधिकतम स्पीड़ की
तीस प्रतिशत से ज्यादा की
आपको कभी जरूरत ही नहीं होगी,
ले तो लेगें मोबाईल सबसे मंहगा
पर सत्तर प्रतिशत एप्लीकेशन्स् पर
नज़र भी ना ड़ाल पायेगें.

इसीलिये दोस्तों यह बात हमेशा मन में दाहराओ,
धन दौलत से बड़ी सुख और शान्ति...
जिसके लिये स्वस्थ तन और मन बनाओ
रखो अपनी सेहत का ध्यान,
और कुछ समय अपने लिये भी बिताओ.

जितना धन कमाते हो उसे उपयोग में लाओ,
उतना कमाओ जिसे आप खर्च कर पाओ,
अगर बच्चों को अच्छा पढाओगे
दोगे उन्हें अच्छे संस्कार
और उन्हें काबिल बनाओगे,
तो वह आप से ज्यादा ही कमायेगें,
और आपके पैसे बैंक में
यूं ही पड़े–पड़े सड़ जायेगें.

10. दिल जीतने की कला

एक सार्थक, सफल, खुशहाल और सपनों से भरा जीवन जीने के लिये यह भी आवश्यक है की लोग आपकी बात सुनें, आप पर विश्वास करें और आप उन्हें अपने विचारों से प्रभावित कर सकें अर्थात उनका दिल जीत सकें. आपकी अंतिम मंजिल वह लक्ष्य है जो आपने अपने लिये चुना है और उस तक पहुंचने के लिये आपको ना जाने कितने लोगों को विश्वास में लेना होगा और अपनी मंजिल तक के रास्ते में बहुत से लोगों से दोस्ताना संबध बनाने होंगें ताकि वह लोग आपके रास्ते की बाधा बनने के बजाय आपके मददगार बन सकें.

आप अपनी बुध्दिमानी और तकनीकी कौशल से जटिलतम मशीनों को तो आसानी से संचालित कर सकते हैं क्योंकि उन्हें चलाने के लिये एक तर्कसंगत तरीका होता है और अगर आप उसे जानते हैं तो आप राकेट को भी पृथ्वी के पार ले जाकर वापिस भी सही–सलामत ला सकते हैं. परन्तु जब आंपका वास्ता लोगों से पड़ता है तो आप पाते हैं कि उन्हें संभालने के लिये कुछ अलग ही विधा और कौशल चाहिये क्योंकि यहां सिर्फ तर्क से काम नहीं चल सकता. पंजाबी की एक कहावत है **'रा पये जानिये या वा पये जानिये'** अर्थात जब आप किसी रास्ते पर जाते हैं तो पता चलता है कि रास्ता कैसा है और जब आपका किसी व्यक्ति से वास्ता पड़ता है तो आप जान पाते हैं कि उसका व्यवहार कैसा है.

हर व्यक्ति की अपनी भावनाएं हैं, मान्यताएं हैं, पूर्वाग्रह हैं और उस सब से उपर यह कि व्यक्ति अपने आत्म–सम्मान और मिज़ाज से बेहद प्रभावित होते हैं. अर्थात हर व्यक्ति अपने आप को महत्वपूर्ण समझता है और कभी–कभी तो अपनी महत्ता सिध्द करने के लिये कुछ लोग पागलपन की हद तक भी जा सकते हैं. व्यक्ति की यही कमजोरी आपके लिये वरदान सिध्द हो सकती है यदि आप वार्तालाप की शुरूआत उनकी ईमानदार प्रंशसा से करते हैं अर्थात उसके महत्व को स्वीकारते हैं. अगर आप चाहते हैं कि लोग आपमें रूचि लें, आपकी बात सुनें तो निम्न बातों को सदैव ध्यान रखें:–

1. वार्तालाप के दौरान चहेरे पर सदैव मुस्कान रखें
2. दूसरों में सही मायने में रूचि लें.
3. हमेशा याद रखें कि किसी को भी अपना नाम बहुत प्यारा होता है उसको उसके प्रथम नाम से संबोधित करें.
4. अच्छे श्रोता बनें और दूसरों को अपने बारे में बोलने का मौका दें.
5. श्रोता की रूचियां का ध्यान रखते हुए वार्तालाप की शुरूआत करें
6. उन्हें यह अहसास करायें कि वह आपके लिये महत्वपूर्ण हैं.

दोस्त बनाना बहुत ही आसान है और हो सकता है कि आप दो माह में ही बहुत से दोस्त बना लें अगर आप उपरोक्त बातों का ध्यान रखें और उनमें रूचि लें

जिनसे आप दोस्ती करना चाहते हैं, परन्तु यह भी हो सकता है कि आप दो वर्षों में भी एक भी दोस्त ना बना पाये अगर आप यह चाहें कि दूसरे आप में रूचि लें.

किसी का भी दिल जीतना एक कला है और कौशल भी. किसी भी विधा में पांरगत होने के लिये उसको सीखने के सार्थक प्रयास की आवश्यकता होती है और अगर आप निम्न बिंदुओं पर ईमानदारी से विचार करें और उनका अनुसरण करें तो आपका व्यक्तित्व निखर जायेगा और लोग आपसे दोस्ती करने को तरसेगें:

1. बाड़ी–लेंगवेज का सदैव ध्यान रखें:

क्या आप जानते हैं कि जब आप किसी से बातचीत में मशगूल होते हैं तो आपके कहे शब्दों से जो संचार होता है उसकी मात्रा केवल 07 प्रतिशत होती है अर्थात आपसी बातचीत में 93 प्रतिशत संचार या तो आपके हाव–भाव से होता है जिसकी मात्रा लगभग 55 प्रतिशत होती है अथवा आपके बातचीत के सुर और लहजे से जिसकी मात्रा लगभग 38 प्रतिशत होती है. विडम्बना देखिये, फिर भी हम अपना ध्यान अपनी भाषा और व्याकरण सीखने पर ज्यादा लगाते हैं और कई बार तो सही शब्दों के चयन में ही अटके रहते हैं.

अब आप ही तय कीजिये कि आप दूसरों का दिल जीतने निकले हैं तो बातचीत के दौरान किस पर सबसे ज्यादा ध्यान देगें. अतः संवाद के दौरान निम्न का सदैव ध्यान रखें:

❖ यथा संभव श्रोता से आंख मिलाकर बात करें

- ❖ विषय के अनुसार चहेरे पर मुस्कान, संजीदगी अथवा गंभीर भाव रखें
- ❖ बाजुओं को अनावश्यक ही जोड़ कर बातचीत ना करें
- ❖ बातचीत के दौरान व्यर्थ ही हाथ–पैर ना हिलाते रहें
- ❖ आपके खडे होने अथवा बैठने की मुद्रा भी बहुत कुछ बयां कर देती है, कृपया स्थिति के अनुसार अपनी शारिरिक मुद्रा का भी ध्यान रखें.

इसी प्रकार वार्तालाप के दौरान अपनी आवाज के सुर और लहजे का भी ध्यान रखें. स्थिति के अनुसार सुर में बदलाव ना सिर्फ आपके संचार को स्पष्टता देता है बल्कि आपके मनोभावों को भी कम से कम शब्दों में व्यकत करने की ताकत भी इसीसे मिलती है और श्रोता तक आपका संदेश आपके भावों के साथ संप्रेषित हो जाता है.

क्या आपने कभी सोचा है कि जब दो लोग झगड़ा कर रहे होते हैं तो वह पास–पास होते हुए भी क्यों चिल्ला कर बात करते हैं, क्योंकि वह दिल से दूर होते हैं और दिमाग दूरी की गणना में गड़बड़ा जाता है और उसे लगता है कि जोर से बोलना पड़ेगा. वहीं जब दो लोग प्यार से बात करते हैं तो फुसफुसा के भी काम चल जाता है क्योंकि दिमाग यह सोच लेता है कि यह लोग बहुत पास–पास हैं और जब दो लोग बहुत ही निकट हो जाते हैं तो बिना आवाज के भी संदेशों का आदान–प्रदान हो जाता है क्योंकि दिलों की दूरियां मिटने से दिमाग दूरी का अंदाजा ही नहीं लगा पाता. कहने का तात्पर्य यह है कि आपकी आवाज की टोन

दूसरों को यह अन्दाजा करा देती है कि आप उनके कितने निकट हैं, अतः वार्तालाप के दौरान अपनी आवाज का बेहद ध्यान रखें.

2. वार्तालाप की शुरूआत हमेशा श्रोता की तारीफ के साथ करें:

अंग्रेजी की एक बहुत पुरानी कहावत है कि **'फलेट्री फलेट्रस आल्'** अर्थात अपनी प्रंशसा सुनना सबको अच्छा लगता है और मैंने इसे अच्छे और बुरे हर तरह के व्यक्तियों पर आजमाया है और इसीलिये दावे के साथ कह सकता हूं कि एक बार इसे आजमा के देखिये, नतीजा सिर्फ और सिर्फ सकारात्मक ही होगा. आप अगर किसी को बदलना चाह रहे हैं तो बहुत संभव है कि उसके साथ आपके हित जुडे हैं फिर चाहे वह आपका परिजन हो, मित्र हो, सहपाठी हो अथवा सहकर्मी हो. उनमें कुछ तो अच्छाई अवश्य ही होगी. शुरूआत उनकी प्रंशसा से कीजिये और फिर मुख्य विषय पर आईये.

अगर आप किसी से वार्तालाप करने के इच्छुक हैं तो यह भी आवश्यक है कि दूसरा भी आपकी बात सुनने को तैयार हो. एक छोटा सा प्रयोग किसी ऐसे व्यक्ति पर करके देखिये जो आपसे बातचीत में ज्यादा दिलचस्पी नहीं रखता. अगली बार उनसे वार्ता शुरू करने से पहले अपने चहेरे पर मुस्कान ला कर उन्हें सिर्फ इतना भर कहिये कि आप आज बहुत सुंदर लग रहें हैं, अथवा आपकी शर्ट बहुत सुन्दर है, अथवा क्या नई घडी पहनी है यह तो बहुत सुन्दर है, आदि. परन्तु ध्यान रहे कि यह तारीफ बिल्कुल मिथ्या ना हो, भले

ही थोडी बढ़ा–चढ़ा कर हो. फिर देखिये कि वह महाशय आपसे बातचीत के लिये कैसे तत्पर होते हैं.

3. अनावश्यक वाद–विवाद से दूर रहें और आलोचना करने से बचें:

अनावश्यक वाद–विवाद से बचने का एक ही सबसे सरल उपाय है कि इससे बचा जाये. वाद–विवाद तब होता है जब आप किसी को अपनी बात समझाना चाहते हैं और दूसरा उसे समझने का तैयार नहीं होता क्योंकि उस विषय अथवा वस्तु पर जिसको लेकर विवाद है, उसका अपना नजरिया होता है. अब प्रश्न यह है कि कौन सही है? क्योंकि दोनों पक्ष अपने आप को सही मानते हैं अतः विवाद बढता जाता है. जरा समस्या को दूसरे के नजरिये से देखने का प्रयास तो कीजिये, हो सकता है विवाद ही सुलझ जाये. एक ग्राहक मारूति के शोरूम में गाडी पसंद करने गया और वहां जाकर सेल्समेन को होन्डा सिटी की खूबियां गिनाने लगा. सेल्समेन ने उसकी बातों को ध्यान से सुना और खुद भी कहा कि होन्डा सिटी बहुत अच्छी कार है, उसका इन्जन बहुत अच्छा है, माइलेज ज्यादा है, आदि. अब ग्राहक के पास कोई तर्क नहीं था. फिर धीरे से उसने मारूति की खूबियां गिनानी शुरू की और अन्ततः ग्राहक को मारूति का प्रंशसक बना दिया.

अगर आपको किसी की कोई बात अथवा कृत्य गलत लगा है तो सीधा यह कहने की बजाय कि आप गलत हैं अथवा उसकी आलोचना कर देने से बेहतर है कि आप कह सकते हैं कि मेरे हिसाब से तो यह काम ऐसे होना चाहिये परन्तु मैं गलत भी हो सकता हूं. आपका

यह संबोधन दूसरे को भी यह सोचने पर मजबूर कर देगा कि कहीं वही तो गलत नहीं है. हर व्यक्ति की अपनी भावनाएं हैं और कई बार हम दिमाग के बदले दिल से निर्णय लेते हैं और अगर कोई हमें गलत साबित करने की कोशिश करे तो हम अपने निर्णय पर और कठोर हो जाते है क्योंकि दूसरा आपकी भावनाओं को जाने–अनजाने ठेस पहुंचा रहा है. अगर आप उसकी भावनाओं का ख्याल रखते हुए अपनी बात कहते हैं तो दूसरा दिमाग से सोचने पर मजबूर हो जाता है. अगर कोई आपको गलत सिध्द कर दे तो कृपया गलती को तहे दिल से स्वीकारिये, इससे दूसरे आपके खुल विचारों और साहस की सराहना ही करेगें. बहुत पुरानी कहावत है 'निंदक नियरे राखिये, आंनद कुटी समाये'.

4. अच्छे श्रोता बनिये और दूसरों को बोलने का मौका दीजिये:

एक अच्छे श्रोता बनकर आप दुनिया को उस नजर से देख सकते हैं जिस नजरिये से वक्ता आपको दिखाना चाहता है, हो सकता है इससे आपकी आपकी समझ में इज़ाफा हो और आपकी उसके प्रति हमदर्दी बढे. आप दूसरों की पूरी बात सुनके उसको उत्तर देने के लिये सही शब्दों का चयन कर सकते हैं क्योंकि अब विषयवस्तु पर आप उसके नजरिये से वाकिफ़ हैं. परन्तु सुनना उतना ही मुशकिल है जितना बोलना, विशेषकर विवाद की स्थिति में. अतः सुनने की आदत ड़ालने का भी प्रयास चाहिये.

किसी की बात को ध्यान से सुनने और उसकी समस्या को समझने के लिये आवश्यक है कि आप उसकी बात गौर से आंख मिलाकर सुनें अन्यथा आपका दिमाग कुछ और सोचने लगेगा और आप सिर्फ उतनी ही बात सुनेंगें जितनी आप सुनना चाहते हैं. जैसा कि हमने पहले चर्चा की कि व्यक्ति संवाद के दौरान सिर्फ शब्दों का ही प्रयोग नहीं करता बल्कि अपने शरीर और हाव–भाव से भी बहुत कुछ कह जाता है जिसे सुनने और समझने के लिये पूरी एकाग्रता चाहिये. हो सकता है कि आपकी सहानुभूति पाकर वह आपको अपना मित्र मान ले. वार्तालाप के बीच में टोका–टाकी और पूरी बात सुने बिना ही अगर आप समस्या का हल ढूंढने लगते हैं तो हो सकता है कि आप दूसरे का दृष्टिकोण समझे बिना ही अपना उत्तर दे देगें जो उसे नागवार गुजर सकता है.

5. दूसरों को अपना सम्मान बचाने का मौका दीजियेः

एक भद्र महिला ने घरेलू कामकाज और बच्चों की देखभाल के लिये एक केयर टेकर कमला नाम की महिला से बातचीत की और उसे दूसरे दिन से काम पर आ जाने के लिये कहा. थोड़ी छानबीन की इच्छा से उन महिला से उसके दूसरे मालिकों से बातचीत की जहां वह पहले काम करती थी और कुछ ज्यादा अच्छा सुनने को नहीं मिला.

दूसरे दिन जब कमला काम पर आयी तो उन भद्र महिला ने उससे कहा कि मैंने वहां फोन किया था जहां तुम पहले काम करती थीं. उन्होनें बताया कि तुम

ईमानदार और भरोसेमंद हो, खाना बहुत अच्छा पकाती हो और बच्चों की देखभाल भी जिम्मेदारी के साथ करती हो. पर मुझे समझ नहीं आया कि वह ऐसा क्यों कह रही थीं कि तुम घर को साफ–सुथरा और ठीक–ठाक नहीं रखती. मुझे लगता है कि वह झूठ बोल रहीं थी क्योंकि तुम तो अपने आप को इतना साफ–सुथरा रखती हो, तुमने कपड़े भी साफ और सलीके से पहने हुए हैं, मुझे विश्वास है कि तुम घर को भी साफ–सुथरा ही रखोगी और हमारी अच्छी बनेगी. कमला ने भी उनको विश्वास दिलाया कि वह उनको कोई शिकायत का मौका नहीं देगी और वर्षों तक दोनों के बीच में अच्छी जमी क्योंकि केयरटेकर ने अपनी मालकिन के विश्वास पर खरा उतरने के लिये कभी उनको शिकायत का मौका ही नहीं दिया.

जिंदगी में आपका पाला ऐसे बहुत से धूर्त व्यक्तियों से पड़ेगा जहां आप जानते है कि आपका पाला किससे पड़ा है और आपको क्या–क्या सावधानी बरतनी है. चौक्कने रहिये पर उसे जताईये कि आप उसपर पूर्ण विश्वास करते हैं और हो सकता है कि आपके विश्वास पर खरा उतरने के लिये ही वो आपसे ईमानदारी से पेश आये क्योंकि यही सोचकर वह प्रसन्न हो जायेगा कि कोई तो है जो उस पर विश्वास करता है.

6. उत्साहवर्धन हेतु चुनौती दीजियेः

स्टील कम्पनी के वरिष्ठ उत्पादन प्रबंधक अपने संयत्र के गिरते उत्पादन से चिन्तित थे, दिन की पाली के समापन समय वह संयत्र में पंहुचे और शिफ्ट प्रबंधक से पूछा आज कितनी हीट बनी, उसने बताया 6, बिना

एक भी शब्द बोले उन्होनें दीवार पर चॉक से बड़ा–बड़ा 6 लिख दिया और बिना एक भी शब्द बोले वापिस अपने कार्यालय चले गये. रात की पाली के शिफ्ट प्रबंधक और उनके साथियों ने इसे अपने लिये चुनौती समझा और रात की पाली में 7 हीट बना डाली और पाली की समाप्ति पर 6 को मिटाकर 7 लिख दिया और प्रसन्नता पूर्वक अपने घर को गये कि हमने दिन की शिफ्ट वालों को हरा दिया. दिन की पाली ने इस चुनौती को स्वीकार किया और दूसरे दिन 10 हीट बना ड़ाली. इस तरह वरिष्ठ प्रबंधक ने बिना एक शब्द बोले अथवा बिना कोई प्रलोभन दिये अपने उत्पादन लक्ष्य को प्राप्त कर लिया. हर व्यक्ति अथवा समूह दूसरे से आगे निकलने की प्रतिस्पर्धा में अपना सर्वोत्तम देने का प्रयास करता है, बस आवश्यकता है उनके अंदर स्वस्थ प्रतिस्पर्धा की भावना भरने की और उनके श्रेष्ठ होने का अहसास दिलाने की.

7. सिर्फ सुनी–सुनायी बातों पर किसी के बारे में धारणा ना बनायें:

एक दिन महाज्ञानी सुकरात से मिलने उनका एक परिचित आया और बोला कि क्या आप जानते हैं मैंने आपके मित्र के बारे में क्या सुना है? सुकरात मुस्कराकर बोले कि मैं तुम्हारी बात सुनने से पहले चाहता हूं कि तुम एक छोटा सा टेस्ट पास करो **'ट्रिपल फिल्टर टेस्ट'** अर्थात हम जांच लें कि जो तुम मेरे मित्र के बारे में बताने जा रहे हो वह मेरे सुनने लायक है कि नहीं.

पहले यह बताओ कि क्या तुम आश्वस्त हो कि जो बताने जा रहे हो वह पूरी तरह सच है? परिचित ने कहा कि नहीं मैंने तो बस यह किसी से सुना है. अब यह बताओ कि क्या जो तुम मेरे मित्र के बारे में बताना चाह रहे हो वह अच्छा है? उसने कहा नहीं वरन् यह तो उसके उलट्....... सुकरात ने कहा चलो कोई बात नहीं, अभी भी एक टेस्ट बाकी है, ये बताओ कि जो तुम मुझे मेरे मित्र के बारे में बताने जा रहे हो क्या वह मेरे लिये उपयोगी है? परिचित ने कहा, नहीं कुछ खास नहीं. तब सुकरात बोले जो तुम मुझे मेरे मित्र के बारे में बताना चाहते हो ना वह सत्य है, ना अच्छा है और ना ही मेरे लिये उपयोगी है तो उसे सुनने से क्या लाभ और वह अपने काम में व्यस्त हो गये.

आज उन्नत तक्नालॉजी का युग है, संचार के माध्यम इतने तेज हैं कि हम दिन भर लोगों के बारे में कुछ ना कुछ सुनते रहते हैं और इन्हीं सुनी–सुनायी बातों पर भरोसा करके दूसरे के बारे में अपने मन में एक छवि बना लेते हैं. विडम्बना यह है कि हमारी यह भावनाएं तब भी हमारे साथ होती हैं जब हम उसी व्यक्ति से मिलते अथवा वार्तालाप करते हैं. इससे हमारे अहित की ही संभावना बड़ जाती है क्योंकि हमारे मन की भावनाएं जाने–अनजाने उनसे हमारे संवाद के दौरान हमारे गैर मौखिक संचार अथार्त बाडी–लेंग्वेज को प्रभावित करती हैं और दूसरों को आहत्. जबकि हो सकता है कि आपने जो सुना है वह सत्य ही ना हो और आप नाहक ही अपना एक मित्र खो बेठेगें. स्मरण रहे यहां तो हम दिल जीतने की कला सीखने

की कोशिश कर रहे हैं नाकि किसी को नाराज अथवा आहत् करने की.

8. दूसरों को नाराज अथवा आहत् किये बदलने की कला जानियेः

अगर आप किसी को बिना नाराज या आहत् किये बदलना चाहते हैं तो निम्न बातों का सदैव ध्यान रखियेः

1. वार्तालाप की शुरूआत उनकी ईमानदार तारीफ के साथ करें
2. अनावश्यक वाद–विवाद से बचें
3. गलतियों पर ध्यान घुमा–फिरा के करायें
4. दूसरे की आलोचना करने से पहले अपने द्वारा की गई ऐसी गलतियों के बारे में बतायें
5. सीधा आदेश देने के बजाये उसी बात को प्रश्न के रूप में पूछे अर्थात क्या हम ऐसा करें तो अच्छा नहीं होगा?
6. दूसरे को अपना पक्ष रखने का मौका दें
7. अगर दूसरे में बदलाव का जरा भी लक्षण दिखायी दे तो उसकी तारीफ करें और हर सुधार पर यह प्रक्रिया दुहराते रहें.
8. किसी भी व्यक्ति को पैसे से ज्यादा अपनी प्रतिष्ठा का ख्याल होता है, उन्हें सम्मानपूर्वक रहने योग्य प्रतिष्ठा दें

9. वार्तालाप के दौरान उसे गलती सुधारने के लिये यह कह कर प्रेरित करें कि यह कोई इतनी बडी गलती नहीं है कि उसे सुधारा ही ना जा सके

10. उसको सकारात्मक अहसास कराये ताकि वह आपके सुझाव का खुशी–खुशी मान सके.

हमारे दुख का एक बहुत बड़ा कारण यह भी होता है कि अमुक व्यक्ति हमारी बात ही नहीं सुनता अथवा वह हमेशा हमारी बात को काटने की कोशिश करता है और हमें नीचा दिखाने का कोई मौका नहीं छोड़ता. दिल जीतने की कला में महारत हासिल करके आप इस दुख से छुटकारा पा सकते हैं क्योंकि बहुत संभव है कि वह आपकी भावनाओं को भली–भांति समझने लगे और आपका अच्छा मित्र बन जाये.

हमने पहली ही कड़ी में ही जान लिया था कि खुशी सुख पाने में है और आनंद खुशी देने में. हो सकता है किसी के दिल में जगह बनाने की खातिर आपको अपनी छोटी–मोटी खुशियों को कुर्बान करना पड़े परन्तु अगर वह व्यक्ति आपके लिये महत्वपूर्ण है जिसका दिल जीतने के लिये आपने यह सब किया है तो विश्वास मानिये उसका सानिध्य पाकर आपको जो आनंद प्राप्त होगा, वहः अतुलनीय होगा. **'आनंद'** की सही परिभाषा जाननी है तो कृपया मेरी सबसे पंसदीदा कविता **'भगवान के साथ भोजन'** का आनंद लीजियेः–

एक नन्हें बालक के मन में

भगवान से मिलने की इच्छा हो आई,

बांधे उसने कपड़े दो–चार

मॉ से बहुत सारी रोटी–सब्जी बनवाई.

निकल पड़ा वो भगवान को ढूंढने
जो दिशा उसे सामने नजर आई,
थोड़ा दूर चलकर जब उसे थकान हो आई,
दिखा सामने पार्क और उसने सोचा
कुछ देर पार्क में बैठ कर सुस्ता लो भाई.

जा बैठा वो एक बैंच पर
जहां बगल में बैठी थी एक बूढी माई.
उनके चहेरे पर थी दुख की छाया
और लगता था भूखी है वो माई.
बालक ने खाने का ड़ब्बा खोला
प्यार से एक रोटी उनको पकडाई.
बूढी माँ के चहेरे पर आई भोली सी मुस्कान,
फिर दोनों ने चुपचाप रोटी खाई.
थोड़ी देर सुस्ताने के बाद
बालक को फिर भूख लग आयी,
उसने खोला डिब्बा खाने का
फिर एक रोटी माई को पकडाई,
वो बूढी माँ खुश हुई बहुत
दोनों ने रोटी चाव से खाई.

ये सिलसिला चला दिन भर
अब संध्या थी हो आई,
रोटी भी अब हो गयी थी खत्म
और बालक को घर की याद हो आई.

वो दौड़ता हुआ घर को भागा
दरवाजे पर थी माँ टकराई,

मॉ ने पूछा बेटा,
तेरे चहेरे पर इतनी खुशी क्यों कर आई,
वह बोला मां मैं भगवान से मिलकर आया,
उनके साथ दोपहर के भोजन का लुत्फ उठाया,
उनका रूप मुझे बहुत ही भाया,
मैं समझा करता था जवान उन्हें,
पर मैंनें उनको बूढी माई के रूप में पाया.

उधर जब वो बूढी मॉ घर पर पहुंची,
बेटे को उसके, उनके चहेरे पर
एक अजब नूर था नज़र आया,
उसने पूछा मॉ आज तुम इतनी खुश कैसे,
तब मॉ ने उसे बताया,
आज मैंने दोपहर का भोजन भगवान के साथ खाया,
मैं सोचा करती थी जवान उन्हें
पर उन्हें तो नन्हा बालक पाया.

हम ना जाने भगवान को कहां कहां ढूंढा करते हैं
उनको पाने के लिये नित् कितने जतन करते हैं,
जबकि भगवान तो हम सब में ही बसते हैं.
जरा किसी से उसका गम बांट के देखो,
कंधे पर उसके रख हाथ
'मैं हूं ना' कह कर तो देखो
उसके चहेरे पर जो मुस्कान आयेगी,
तुम्हें वहीं खड़े–खड़े भगवान के दर्शन करायेगी,
ना करना पड़ेगा जप–तप कोई,
भगवान तुम्हें हर इन्सान में मिल जायेगें.

11. बड़े सपने देखिये

जीवन में सफल होने का सपना हर कोई देखता है और इस दिशा में प्रयास भी करता है परन्तु सच तो यह है कि कुछ ही लोग सफलता के शिखर को छू पाते हैं और बाकी अपना पूरा जीवन सफल होने की जंग में ही बिता देते हैं. विश्व भर में ऐसे कई महानुभाव आपके प्रेरणास्त्रोत हो सकते हैं जिन्होने बड़े सपने देखे और उनको पूरा किया और सफलता के शिखर पर पहुंचे. उनके जीवन के अनुभव, उनकी अपने सपनों को सच करने की राह में आई कठिनाईयों से लड़ने की हिम्मत, उनकी शिखर पर पहुंचने की कहानी आपको भी प्रेरित कर सकती हैं.

अपने सपनों को हकीकत में बदलने की इस राह में आपको भी बहुत से अवरोधों का सामना करना पड़ेगा, कदम–कदम पर चुनौतियां आपके सामने मुंह बाये खड़ी होंगी और उन सब से मुकाबला करने के लिये आपको अपने अन्दर से ही हिम्मत जुटानी होगी. आपका दृढ संकल्प, आपकी जीतने की ज़िद, लचीलापन, साहस और आपका सकारात्मक रवैया ही तब आपके काम आयेगा और आपके रोल माडल्स् की जीवनी आपकी प्रेरणास्त्रोत होगी. आप यही सोच कर अपने संकल्प के प्रति और दृढ हो जायेगें कि सभी सफल व्यक्तियों ने ऐसी अनेक चुनौतियों का सामना किया है फिर मैं क्यों हिम्मत हारूं?

मुझे वह लोग बेहद पंसद हैं जिनके पास सफलता के शिखर को छूने के सपने के अलावा और कुछ नहीं था अर्थात उनको ये दौलत और शोहरत विरासत में नहीं

मिली थी. यह उनकी अथक मेहनत, लगन और हिम्मत ही थी कि वो फर्श से अर्श की उचाईयों को छू सके और आज सफलता के पर्यायवाची के रूप में गिने जाते हैं.

मैंने अपनी पंसद के 10 भारतीयों की लिस्ट तैयार की है जो मेरे प्रेरणास्त्रोत हैं. मैं स्पष्ट कर दूं कि यह मेरी पंसद है और मैंने इन महानुभावों के बारे में जानकारी पुस्तकों से, इन्टरनेट से अथवा लोगों से सुनकर एकत्रित की है. अतः मैं कोई दावा नहीं करता कि यह सब अक्षरशः सही ही है. परन्तु यह दावा जरूर कर सकता हूं कि इनकी जीवनी आपकी सफलता की राह में मील के पत्थर के समान होगी और आपको अपने लक्ष्य तक का सफर तय करने में पथ–पदर्शक का कार्य करेगी.

मैंने भारतीय उधमियों की लिस्ट में श्रीयुत टाटा–बिड़ला का नाम नहीं रखा क्योंकि ये लोग वैसे भी हर भारतीय के रोल माड़ल है और आजाद भारत का हर बच्चा टाटा–बिड़ला जैसा बनने का सपना संजो कर ही बड़ा हुआ है. दूसरा मेरी लिस्ट किसी क्रम में नहीं है हां मैंने उनके जन्म कि तिथी के अनुसार उनको अपनी लिस्ट में रखने का प्रयास किया है.

1. श्री अरदिशीर गोदरेज

सन् 1868 में एक सम्पन्न् पारसी परिवार में जन्मे श्री अरदिशीर अपने भाई बहनों में सबसे बड़े थे. उनके पिता का उस समय के बाम्बे और अब मुम्बई में जमीन–जायदाद का अच्छा खासा कारोबार था. सन्

1894 में कानून की शिक्षा समाप्त करते ही उन्हें एक नामी लॉ कम्पनी ने काम पर रख लिया और उन्हें जांजीबार में अपने मुवक्किल का केस लड़ने भेज दिया. उन्होनें अपने केस पर काफी मेहनत की थी और केस अच्छा ही जा रहा था लेकिन सुनवाई के आखिरी दिनों में वह एक गवाही को लेकर दुविधा में पड़ गये जोकि उनका मुवक्किल चाहता था कि वह कोर्ट में पेश करें पर उनका मन ऐसा करने की गवाही नहीं दे रहा था. अतः मुवक्किल की शिकायत पर उनकी लॉ कम्पनी ने वह केस उनसे लेकर दूसरे वकील को दे दिया. अरदिशीर वापिस बाम्बे लौट आये और उन्होनें वकालत के काम से ही किनारा कर लिया.

1895 में उन्होनें एक फार्मेसी में केमिस्ट् के सहायक के रूप में नौकरी स्वीकार कर ली. उन्होनें देखा कि हमारे देश में शल्य चिकित्सा में इस्तेमाल होने वाले सारे उपकरण यथा चिकित्सक की छुरी, चिमटी, फोरसेप, इत्यादि विदेशों से आयात किये जाते हैं. उन्हें लगा कि वे इन औजारों को हिन्दुस्तान में ही बना सकते हैं परन्तु इसके लिये पूंजी की आवश्यकता थी. अरदिशीर अपने पिता के मित्र श्री मरवानजी मुनचेरजी कामा के पास गये जिन्हें बहुत ही अच्छी व्यवसायिक समझ थी और उन्हें अपनी शल्य चिकित्सा उपकरण बनाने की योजना बताई और उनसे 3000/– रूपये उधार मांगें. कामा साहब ने अरदिशीर से कहा कि वे अपने पिता से पैसे क्यों नहीं मांगते तो अरदिशीर ने कहा कि मैं आपसे उधार मांग रहा हूं और पिताजी मुझे उपहार के रूप में इतने पैसे दे देगें जबकि मैं अपने बलबूते व्यापार करना चाहता हूं. उन तीन हजार रूपये से

उन्होनें शल्य चिकित्सा उपकरण बनाये और उस फॉमेसी के मालिक को दिखाये जिनके यहां वह काम करते थे. उपकरण उच्च कोटि के थे और उनके मालिक ने उनकी बहुत तारीफ की. परन्तु अरदिशीर के यह जिद करने पर कि इन पर मेड इन इंडिया की मोहर लगी होगी फॉमेसी के मालिक ने उन्हें काफी समझाने की कोशिश की कि इससे हमारा सामान कोई नहीं खरीदेगा पर दोनों ही अपनी बात पर अडे रहे और व्यवसाय शुरू होने से पहले ही बंद हो गया.

कुछ दिनों बाद ही अरदिशीर ने अखबार में एक खबर पढ़ी कि बाम्बे में चोरियां बहुत बढ़ गयी हैं और पुलिस ने घरों की सुरक्षा के बारे में नागरिकों को सचेत किया है. तभी अरदिशीर को लगा कि हमारे देश में बनने वाले ताले अच्छी क्वालिटी के नहीं हैं और तभी उनके मन में उत्कृष्ट ताले बनाने की योजना ने जन्म लिया. उन्होनें फिर कामा साहब को फोन किया और उनसे उनके पैसे समय पर ना चुका पाने के लिये माफी मांगते हुए अपनी ताले बनाने की योजना उन्हें बतायी. कामा साहब ने भी वो खबर पढ़ी थी अतः उन्हें भी यह योजना बहुत पंसद आयी और उन्होनें इस योजना के वित्त पोषण की जिम्मेदारी उठाने का अरदिशीर से वायदा किया.

इस प्रकार एक 20 वर्ग मीटर के गोदाम में अरदिशीर ने अपनी ताला बनाने की फेक्टरी लगभग दर्जन भर कारीगरों के साथ शुरू की. उन्होनें इस गांरटी के साथ ताले बेचने शुरू किये कि हर ताला सिर्फ अपनी चाबी से ही खुलेगा और देखते ही देखते उनके ताले बहुत मशहूर हो गये और हाथों–हाथ बिकने लगे. अब

अरदिशीर ने एक ऐसी सेफ बनाने की सोची जो ना सिर्फ बेहद सुरक्षित हो अपितु अग्निरोधी भी हो. 1902 में एक ऐसी सेफ उन्होनें बाजार में उतारी जो ना सिर्फ मजबूत थी, सुरक्षित थी अपितु अग्निरोधी भी थी.

1910 के आसपास अरदिशीर कामा साहब के पास उनका तीन हजार रूपये का उधार चुकाने के लिये गये. कामा साहब काफी बीमार थे और उन्होनें पैसे लेने से यह कहकर मना कर दिया कि तुम्हारी सफलता में ही मेरी खुशी है और मेरे लिये यह संतोष ही काफी है कि उसमें मेरा भी थोड़ा सा योगदान है. परन्तु उन्होनें अरदिशीर से कहा कि क्या तुम मेरे बेटे बोयसी को अपने साथ व्यवसाय में लगा सकते हो, अरदिशीर ने उनका यह प्रस्ताव सहर्ष स्वीकार कर लिया और बोयसी को अपना हिस्सेदार बना लिया और अपनी कम्पनी का नाम बदलकर गोदरेज एंड बोयसी मेन्युफेक्चरिंग कम्पनी रख लिया. परन्तु बोयसी की इस व्यवसाय में कोई दिलचस्पी नहीं थी अतः उसने स्वतः ही कम्पनी छोड़ने का फैसला कर लिया परन्तु कम्पनी का नाम आजतक भी वही है. नित नया सोचने और करने की उनकी इसी जिजिविशा ने अन्ततः अपने जमे जमाये व्यवसाय को अपने भाई पीरोजशा का हस्तांतरित करके वे 1928 में नासिक, कृषि व्यवसाय में हाथ आजमाने निकल पड़े. यूं तो कृषि व्यवसाय बहुत सफल नहीं रहा परन्तु यह ध्यान दिलाये जाने पर कि हर साबुन में जानवर की चर्बी मिलायी जाती है उन्होनें चर्बीरहित साबुन बनाकर साबित कर दिया कि कुछ भी अंसभव नहीं है.

आदरणीय गोदरेज जी की जीवनी से मुझे प्रेरणा मिली की:

1. अगर आप अपने मन की करना चाहते हैं ता दिल की सुनिये.
2. अपने पर भरोसा रखिये और जो करिये अपने बूते करिये.
3. जो करिये मन लगाकर करिये और ऐसा करिये कि आपका उत्पाद/सेवा उत्कृष्टता की पहचान बन जाये जैसे कि ताले की बात आते ही सबसे पहला नाम दिमाग में गोदरेज ताले का ही आता है.
4. शिक्षा से भी ज्यादा आवश्यक है आपका आत्म–विश्वास और आपका सार्थक रवैया जो आपको अपने भीतर से ही मिलेगा.
5. सफलता के शिखर पर पहुंच कर भी हमेशा उन सभी के प्रति आदर और सदभाव् रखिये जिन्होनें आपकी सफलता की राह में आपका साथ दिया.

2. श्री लक्ष्मणराव काशीनाथ किर्लोसकर:

आज भारत का बच्चा बच्चा किर्लोस्कर ग्रुप के बारे में जानता है और शायद यह भी कि इस ग्रुप का कारोबार ना सिर्फ देश में बल्कि विदेशों तक में फैला है. परन्तु क्या आप जानते हैं कि इस ग्रुप की नींव रखने वाले श्री लक्ष्मणराव ने अपना व्यवसायिक सफर कैसे और कहां से शुरू किया था. सन् 1869 में जन्मे श्री लक्ष्मणराव को मशीनी वस्तुओं और पेन्टिग का बचपन से ही शौक था. अपने पेन्टिग के शौक के

चलते इन्होनें मुम्बई के जे.जे. स्कूल ऑफ आर्टस में दाखिला तो ले लिया परन्तु दो वर्ष बाद उन्हें स्कूल छोड़ना पड़ा क्योंकि वह कलर–ब्लाइंड थे. उन्होनें इसी संस्थान में अपनी मेकेनिकल ड्रांइगं की पढ़ाई जारी रखी और इसी शिक्षा की बदौलत उन्हें 45 रूपये प्रतिमाह की अपनी पहली नौकरी भी मिली.

श्री लक्ष्मणराव ने अपना पहला व्यवसाय जो शुरू किया वह एक साईकिल मरम्मत की दुकान थी और बेलगाम शहर की जिस सड़क पर उनकी दुकान थी आज उस सड़क का नाम किर्लोस्कर सड़क है. उसी दौरान वह खेतों पर किसानों को लकड़ी का हल ले जाते देखा करते थे तभी उन्हें लोहे का हल बनाने का विचार आया और पहला किर्लोस्कर उपकरण जो बना वह 'लोहे का हल' था.

उन्होनें अपना पहला कारखाना ओरंगाबाद जिले में खोला जहां उन्होनें लोहे के हल एवं चारा काटने का ब्लेड बनाना शुरू किया. रूढीवादी मानसिकता के चलते कि लोहे का हल चलाने से जमीन बंजर हो जायेगी, श्री लक्ष्मणराव जी को किसानों के विरोध का भी सामना करना पड़ा और उन्हें अपना पहला हल बेचने में दो वर्ष का समय लग गया. सन् 1910 में ओंध के तत्कालीन राजा के सहयोग से उन्हें कुन्डल रोड स्टेशन के नजदीक जमीन प्राप्त हुई और उन्होनें ही लक्ष्मणराव जी को 17000/– रूपये की आर्थिक मदद भी प्रदान की. यही फेक्टरी आज किर्लोस्कर इन्डस्ट्रीज के नाम से जानी जाती है और इसके साथ लगा स्टेशन किर्लोस्करवाडी के नाम से विख्यात है.

श्री लक्ष्मणराव किर्लोस्कर सिर्फ एक उधमी ही नहीं थे वरन् समाज सुधारक भी थे और इन्होनें जो किर्लोस्करवाड़ी बसायी थी उसमें किसी भी प्रकार की छुआछूत पर सख्त प्रतिबंध था. वह हमेशा आदमी की अच्छाईयों पर ध्यान देने क्री बात कहते थे अतः उन्होनें सजायाफ्ता लोगों को भी अपने यहां रात्रि सुरक्षा गार्ड के रूप में तैनात किया था.

श्री लक्ष्मणराव किर्लोस्कर के ज्येष्ठ पुत्र श्री शान्तनुराव किर्लोस्कर 1926 में जब अपनी शिक्षा पूरी करके आये तो उन्होनें भी अपने पिता के व्यवसाय में योगदान देना शुरू किया और उन्होनें अपनी फेक्टरी में डीजल इन्जन, पम्प और बिजली की मोटर बनाने का काम शुरू किया. यह उनके पुत्र का साहस ही था कि उन्होनें पारिवारिक व्यवसाय को नयी उचांईयों तक पहुंचाया और किर्लोस्कर को भारत की एक बड़ी कम्पनी में तब्दील कर दिया.

सन् 1950 से 1991 के बीच शान्तनुराव जी ने कम्पनी का तेज रफ्तार से विस्तार किया और इस अवधि में अपनी परिसम्पतियों में लगभग 32,400 प्रतिशत का अकल्पनीय इजाफा किया. आज किर्लोस्कर ग्रुप भारत की सबसे बड़ा इन्जीनियरिंग समूह है जिसके अन्तर्गत कई कम्पनियां आती है जो विभिन्न उत्पाद बनाती हैं.

भारत सरकार के तत्कालीन प्रधानमंत्री श्री राजीव गांधी ने किर्लोस्कर ग्रुप की 100 वीं वर्षगांठ पर सन् 1988 में एक स्मारक टिकट जारी की और 2003 में एक बार फिर तत्कालीन प्रधानमंत्री श्री अटल बिहारी बाजपेयी

जी ने श्री शान्तनुराव जी की 100 वीं जयन्ती पर एक स्मारक ड़ाक टिकट जारी की.

श्री लक्ष्मणराव किर्लोस्कर जी ने यह सिध्द कर दिया कि कोई भी शारिरिक दुर्बलता आपकी सफलता में बाधा नहीं बन सकती बशर्ते आपमें आगे बढ़ने का जज्बा हो. दूसरा अगर आप आश्वस्त हैं कि आप जो कर रहे हैं वह जनता के भले के लिये है तो आप विरोध सहकर भी अपने काम में लगे रह सकते हैं जैसे कि लक्ष्मणराव जी को लोहे का हल बेचने में दो साल का वक्त लग गया परन्तु वह जानते थे कि एक बार किसान इस हल का इस्तेमाल करना शुरू कर देगें तभी इसके फायदे जान पायेगें और उनका व्यापार भी फलेगा–फूलेगा. उनका यही दृढ विश्वास किर्लोस्कर ग्रुप की बुनियाद बना जो आज भारत की सबसे अग्रणी इन्जीनियरिंग कम्पनी है.

3. डा. वर्गीस कुरियनः

क्या आप जानते हैं कि भारत में श्वेत क्रांति के जनक श्रीमान वर्गीस कुरियन धातु विज्ञान इन्जीनियर थे. नवम्बर 1921 में कालीकट, केरला में जन्में श्री वर्गीस कुरियन ने 1946 में अपनी इन्जीनियरिगं की शिक्षा पूरी करने के बाद भारत सरकार की छात्रवृति योजना के अंतर्गत अमरीका की मिशीगन स्टेट यूनिर्वसिटी से धातू विज्ञान प्रौधोगिकी में मास्टर ऑफ सांइस की उपाधि प्राप्त की.

अमरीका से वापिसी के तुंरत बाद ही भारत सरकार ने उन्हें गुजरात के खेड़ा जिले में अपनी प्रयोगात्मक क्रीमरी में पदस्थापित कर दिया. श्री कुरियन ने आधे

अधूरे मन से इस कार्य को सिर्फ इसीलिये स्वीकार किया क्योंकि यह उनकी छात्रवृति से जुड़ा अनुबंध था. 13 मई 1949 को श्री कुरियन ने आनन्द में अपना पदभार ग्रहण किया और वह इस कार्य को बीच में ही छोड़ना चाहते थे और जब सरकार से उन्हें 1949 के अंत में नौकरी छोड़ने की अनुमति मिली तो वह तुरन्त ही मुम्बई जाने को तैयार हो गये.

उस समय उनके मित्र श्री त्रिभुवनदास पटेल जो जाने माने स्वतंत्रता सेनानी थे, ने उन्हें कुछ समय आनंद में ही रूकने का आग्रह किया और एक डेयरी की स्थापना के लिये उनसे मदद मांगी. श्री पटेल ने खेड़ा जिले के किसानों के साथ मिलकर एक सहकारी संस्था बनायी थी जो जिले भर के दूध को इक्कटठ्ा करके प्रोसेस करती थी और बेचा करती थी. इस तरह का सहकारी प्रयास उस समय देश के लिये एक नया प्रयोग था. श्री त्रिभुवनदास पटेल जी खेडा जिला दुग्ध सहकारी समिति के अध्यक्ष थे जिसे लोग 'अमूल' के नाम से भी पुकारते हैं.

श्री कुरियन चूंकि पटेल साहब की बड़ी इज्जत करते थे और उन्हें अपना गुरू मानते थे, वह उनके कहने पर कुछ दिन आनंद में इसीलिये रूकने को तैयार हो गये कि वह त्रिभुवनदास जी की डेयरी स्थापना में सहायता कर सकें. परन्तु कुछ ही समय पटेल साहब के साथ काम करने के बाद उन्हें समझ आया कि यह सहकारी संस्था किस प्रकार गरीब किसानों के जीवन में उजियारा ला रही है और इसी विचार ने उनको आंनद में ही रोक लिया और उसके बाद जो कुछ हुआ वह इतिहास के पन्नों में दर्ज है.

यधपि वे आनंद में यह सोचकर रूके थे कि वह अपने मित्र की सहायता कर रहे हैं परन्तु इस कार्य के पीछे पटेल साहब के मनोभावों को जानकर श्री कुरियन वहीं रूक गये और इन्जीनियर से उस दुग्ध उत्पादक सहकारी समिति के महाप्रबंधक बन गये.

उसके बाद तो उनका सारा जीवन ही सहकारी संस्थाओं को बनाने और उसके जरिये गरीब किसानों की दिशा और दशा सुधारने में ही लग गया. 1950 में वह खेडा दुग्ध उत्पादक सहकारी समिति के कार्यकारी प्रमुख बने और 1965 में वह नेशनल डेयरी डेवलमेंट बोर्ड के संस्थापक अध्यक्ष बने और 1998 तक उसके अध्यक्ष रहे. इसी बीच उन्होनें गुजरात सहकारी दुग्ध विपणन संघ की संस्थापक अध्यक्षता भी 1973 से 2006 तक संभाली और 1979 से 2006 तक वह इन्स्टीटयूट ऑफ रूरल मेनेजमेंट के संस्थापक अध्यक्ष भी रहे.

उनके द्वारा चलाया गया सहकारी आंदोलन ना सिर्फ भारत के लिये बल्कि विश्वभर के लिये रोल माडल् बन गया. सन् 1960 में उनके द्वारा चलाया गया आपरेशन फ्लड़ जिसका उद्देश्य देश में दूध की बाढ़ लाने का था, ने भारत को दुग्ध और दुग्ध उत्पादनों के आयातक से दुग्ध निर्यातक देश बना दिया. आपरेशन फ्लड़ देश के सबसे बड़े ग्रामीण रोजगार कार्यक्रम के रूप में उभरा जिसने देश भर के लाखों किसानों के जीवन में उजियारा कर दिया.

अमूल का विज्ञापन 'अमूल दूध पीता है इन्डिया' आज दूध का पर्यायवाची बन चुका है और अमूल ना सिर्फ हमारे देश में वरन् विदेशों में भी बहुत पंसद किया

जाता है. अमूल की शुरूआत गुजरात के खेड़ा जिले के छोटे से स्थान से हुई थी और आज यहां सारे गुजरात की सहकारी संस्थाओं से दूध आता है.

श्री कुरियन के इन प्रयासों की देश और विदेशों में भी बहुत सराहना हुई. भारत सरकार ने उन्हें अपने दूसरे सबसे बड़े नागरिक सम्मान 'पदम् विभूषण' से सम्मानित किया. इसके अलावा भी उन्हें देश–विदेश में कई पुरूस्कारों से सम्मानित किया गया. उनकी उधमी प्रवृति ने ना सिर्फ देश को दूध उत्पादन में आत्म निर्भर बनाया बल्कि उनके प्रयासों ने देश के करोड़ों दुग्ध उत्पादक गरीब किसानों के जीवन में भी रोशनी भर दी जिन्हें अब अपने उत्पाद की वाजिब कीमत मिलती है.

धातू विज्ञान में उच्च शिक्षा प्राप्त एक उधमी जब अपने दिल की सुनता है और कुछ नया करने की ठान लेता है तब वह डा. कुरियन बनता है, अतः अपने दिल की आवाज सुनिये और दिल की कीजिये, रास्ते खुद बनते जायेगें और हो सकता है कि कल कोई नया उधमी आपके जीवन से प्रेरित हो अपनी राह चुने.

4. श्री बृजमोहन लाल मुंजाल

सन् 1923 में अविभाजित भारत के पंजाब प्रांत के कमालिया जिले में जन्मे श्री बृजमोहन लाल मुंजाल का पेतृक व्यवसाय सब्जियों का था. अपनी प्रांरभिक शिक्षा पूर्ण करने के बाद श्री बृजमोहनलाल जी ने कुछ समय ऑर्डेनेंस फेक्टरी में काम किया. तभी उनके बड़े भाई ने साईकिल के पुर्जे बनाने का व्यवसाय करने की सोची और उस समय के अशांत हालात को ध्यान में रखते हुए उन्होनें सन् 1943 में अपने भाईयों के साथ

अमृतसर में साईकिल के पुर्जे बनाने का कार्य शुरू किया. उस समय भारत में कुछ ही लोग साईकिल के पुर्जे बना सकते थे और उनकी तकनीक भी बेहद घरेलु थी. मुंजाल भाईयों को अगर कहीं से आयतित साईकिल का कोई पुर्जा मिलता तो वह उसे कारीगरों को दिखा कर वैसा पुर्जा बनवाने की कोशिश करते थे. धीरे–धीरे व्यवसाय कुछ संभल ही रहा था कि 1947 में देश की आजादी के बाद अमृतसर बहुत अंशात क्षेत्र हो गया अतः एक बार फिर मुंजाल भाईयों को अपना छोटा–मोटा कारोबार समेट कर लुधियाना का रूख करना पड़ा.

मुंजाल साहब के शब्दों में लुधियाना में रामगढ़िया बिरादरी के लोगों की बहुतायत थी जो जन्मजात हुनरमंद कारीगर होते हैं. वह लोग पहले से ही साईकिल के कुछ पुर्जे बनाया करते थे और जब हमने उन्हें आयातित नमूने दिये तो हमारा सम्मिलित प्रयास रंग लाया क्योंकि हमें व्यापार की समझ थी और उन्हें कारीगरी की.

आजाद भारत को आत्म–निर्भर बनाने के लिये उधोग धन्धों की बेहद आवश्यकता थी और सरकार ने इसके लिये उधमियों को निमत्रंण दिया कि वे उधोग–धंधे लगायें. कई उधमियों ने इस अवसर का लाभ उठाया और उनमें बिरला जैसे साईकिल निर्माता भी थे जो हिन्द साईकिल बनाया करते थे और दक्षिण में टी.आई. थे और उन्हीं के साथ मुंजाल भाई भी थे. उस समय साईकिल की मांग ही सर्वाधिक थी और मुंजाल इस व्यवसाय पर अच्छी पकड़ रखते थे. बृजमोहन जी अपने व्यवसाय के सिलसिले में पूरे भारत भर में घूमा

करते थे और ऐसी ही एक यात्रा के दौरान उन्हें विचार आया कि साईकिल के पुर्जे बनाने की बजाय क्यूं ना साईकिल ही बनायी जाये और इस प्रकार हीरो साईकिल फेक्टरी की नींव पड़ी. सौभाग्य से सरकार से भी उन्हें साईकिल निर्माण का लाईसेंस प्राप्त हो गया. हीरो साईकिल के निर्माण के साथ ही छोटे भाई को भारत भर में डीलर नेटवर्क खड़ा करने की जिम्मेदारी दी गयी ताकि उस समय के प्रतिष्ठित साईकिल निर्माताओं जैसे एटलस और रेलिज् आदि को टक्कर दी जा सके.

अपने व्यवसाय को नये आयाम देने के लिये बृजमोहन जी ने 1959 में जर्मनी और फिर जापान की यात्रा की और जर्मनी से तीन लाख रूपये में साईकिल चेन बनाने का संयत्र खरीदा. उनकी साईकिलों की गुणवत्ता ने ही उनको प्रतिस्पर्धा में बहुत आगे कर दिया.

1971 तक हीरो ने अपना रिम बनाने का संयत्र भी चालू कर दिया और हाईवे साईकिल्स् के नाम से एक नई कम्पनी भी बना ली जो साईकिल के फ्रीवील बनाने लगी. अगले छ–सात वर्षों में हीरो साईकिल्स् ने अपनी क्षमता को दुगुना कर लिया और भारत के सबसे बड़े साईकिल निर्माता बन गये.

सत्तर के दशक के अंत में जब भारत सरकार ने मोपेड बनाने के लाईसेंस जारी किये तो हीरो ने भी एक लाईसेंस प्राप्त कर लिया और इस प्रकार मेजेस्टिक आटो कम्पनी का जन्म हुआ. 1983 तक मेजेस्टिक आटो ने मोपेड़ बाजार के 35 प्रतिशत हिस्से

पर कब्जा कर लिया. अब तक हीरो ग्रुप दो पहिया वाहनों के बाजार में एक शक्तिशाली उधम बन चुका था और तभी उन्होनें जापान की होन्डा कम्पनी के साथ करार किया और इस प्रकार हीरो–होन्डा का जन्म हुआ जिसने भारत के मोटर साईकिल बाजार की शक्ल ही बदल दी. यह तब की बात थी जब भारत में बजाज स्कूटर प्राप्त करने के लिये दस से बारह साल का इन्तजार करना पड़ता था और हीरो–होन्डा मोटर साईकिल आसानी से उपलब्ध थी और कई खूबियों से लैस थी.

पहले अपने बड़े भाई को खोया जो उनके पिता समान थे फिर अपने ज्येष्ठ पुत्र को खोया जिन्होनें होन्डा के साथ करार किया था और हीरो–होन्डा की नींव रखी थी परन्तु बृजमोहन जी ने धेर्य नहीं खोया और अपने व्यापार को आगे बढ़ाने में लगे रहे. 1991 में उन्होनें हीरो होन्डा फिनलीज़ की स्थापना की जो उनके ग्राहकों को आसानी से कर्ज मुहैया कराने लगी और 1993 में उन्होनें हीरो एक्सपोर्ट्स् की स्थापना की जो भारत की दो पहिया वाहनों सबसे बड़ी निर्यातक है.

जब गिनीज् बुक ऑफ वर्ड रिकार्डस् ने एक प्रेस विज्ञप्ति जारी की कि हीरो साईकिल्स विश्व की अकेली सबसे बड़ी साईकिल निर्माता है तो यह ना सिर्फ मुंजाल परिवार के लिये बल्कि पूरे भारत के लिये गर्व की बात थी कि कोई भारतीय कम्पनी भी विश्वस्तरीय हो सकती है.

हीरो ग्रुप ने बहुत से विदेशी निर्माताओं से गठजोड़ किये और अपने व्यवसाय का विस्तार किया परन्तु

उनका ध्यान हमेशा विश्व की सबसे उन्नत टेक्नालॉजी लाने पर रहा और इसी योजनाबध्द प्रयास ने उनको पिछले 50 वर्षों से अपने व्यवसाय में अग्रणी बना रखा है.

लुधियाना की गलियों से शुरूआत कर आज श्री बृजमोहन लाल मुंजाल साहब एक अंतराष्ट्रीय् ख्याति प्राप्त शखसियत हैं जिन्होनें अपने अथक परिश्रम और दृढ विश्वास के साथ अपने सपनों को पूरा किया है. हीरो ग्रुप आज अपने देश भर में फैले 5000 ड़ीलर और 10,000 करोड़ रूपये सालाना का व्यापार करने वाला एक विशाल समूह है. इस समूह ने अपने व्यवसायिक सफर में बहुत से उतार–चढाव देखे और अनगिनत मुश्किलों का सामना किया परन्तु इनका आगे बढ़ने का सफर अनविरत जारी रहा और बढ़ी से बढ़ी व्यापारिक अथवा व्यक्तिगत क्षति ने भी इनकी उधमी प्रवृति से इनको नहीं ड़िगाया. भारत सरकार ने 2005 में श्री बृजमोहन लाल मुंजाल को उनके व्यापार और उधोग में योगदान के लिये उन्हें पदम् भूषण से सम्मानित किया. इसके अलावा भी उन्हें अनेकों संगठनों ने अनेक–अनेक पुरूस्कारों से सम्मानित किया है.

5. डा. ए.पी.जे. अब्दुल कलाम

डा. अब्दुल कलाम एक ऐसा नाम है जो मेरे जहन में आते ही मेरा सिर उनके नाम के आगे ही झुक जाता है. इसीलिये नहीं कि वह मेरे आदर्श हैं बल्कि इसीलिये कि वह हर उस व्यक्ति के रोल माड़ल् हैं जो सपने देखता है, बड़े सपने. उनकी उक्ति **'सपने वह नहीं**

होते जो आप सोते हुए देखते हैं वरन् सपने वह होते हैं जो आपको सोने नहीं देते,' यह उक्ति ही उनकी धरातल से आकाश की अंनंत उचाईयों तक के सफर को बयां कर देती है.

15 अक्टूबर 1931 को कलाम साहब का जन्म एक बेहद मध्यम वर्गीय परिवार में हुआ था और वह अपने 5 भाई–बहनों में सबसे छोटे थे. अपने परिवार की आर्थिक मदद करने हेतु कलाम साहब ने बहुत छोटी उम्र से ही अखबार बांटने का काम शुरू कर दिया था. स्कूल के दिनों में वह एक साधारण विधार्थी थे पर शिक्षक उनकी लगन और तीक्ष्ण बुध्दि की सराहना किया करते थे. अपनी स्कूली शिक्षा पूर्ण करने के बाद कलाम साहब सन् 1955 में मद्रास इन्स्टीटयूट् आफ टेक्नालॉजी से एयरोस्पेस इन्जीनियरिंग की शिक्षा के लिये छात्रवृति पर गये. एक बार जब वह अपने प्रोजेक्ट पर कार्य कर रहे थे तब उनके ड़ीन प्रोजेक्ट की धीमी गति से बहुत अंसतुष्ट हो गये और उन्होनें कलाम साहब को चेतावनी दी कि अगर उन्होनें तीन दिनों के अन्दर अपना प्रोजेक्ट पूरा नहीं किया तो वह उनकी छात्रवृति रूकवा देंगें. कलाम साहब ने नियत समय में प्रोजेक्ट पूरा कर दिया और ड़ीन ने तब उनसे कहा कि मैंने जानबूझ कर तुम्हें इतना कम समय दिया था ताकि तुम तनाव में अपना सर्वोतम दे सको. कलाम साहब फाइटर पाइलट बनना चाहते थे परन्तु नियति में कुछ और ही लिखा था तभी तो वह नोवें स्थान पर आये जबकि केवल आठ जगह ही खाली थीं.

अपनी इन्जीनियरिंग की शिक्षा पूर्ण करने के बाद कलाम साहब ने भारत सरकार के डी.आर.डी.ओ. में

1960 में नौकरी प्रांरभ की और 1969 में उनको 'इसरो' में भेज दिया गया. प्रोजेक्ट डायरक्टेर के तौर पर उन्होनें अंतरिक्ष में सेटेलाइट ले जाने वाला पहला भारतीय राकेट बनाया जिसके द्वारा 'रोहिणी सेटेलाइट' का सफल प्रक्षेपण जुलाई 1980 में किया गया. इस समय तक कलाम साहब के काम की इतनी शोहरत हो चुकी थी कि भारत सरकार ने उन्हें अपने 'इन्टीग्रेटेड गाइड़ड् मिसाइल डेवलपमेंट प्रोग्राम' का 'मुख्य कार्यकारी' बना दिया और कलाम साहब के निर्देशन में भारत ने ''पृथ्वी'' और ''अग्नि'' जैसी कई मिसाइलों का निर्माण किया. इसीलिये कलाम साहब को ''मिसाइल मैन ऑफ इंडिया'' के नाम से भी जाना जाता है.

ड़ाक्टर कलाम भारत के 11वें राष्ट्पति सन् 2002 में बने. वह राष्ट्पति पद पर पहुंचने वाले पहले वैज्ञानिक थे और पहले कुंवारे भी. अपने राष्ट्पति के कार्यकाल में उन्हें देश की जनता का इतना प्यार मिला कि लोग उन्हें जनता का राष्ट्पति कहते थे. वे देश के तीसरे राष्ट्पति थे जिन्हें राष्ट्पति बनने से पहले ही राष्ट् का सर्वोचय नागरिक सम्मान भारतरत्न मिल चुका था. इनसे पहले यह गौरव सिर्फ पूर्व राष्ट्पति ड़ा सर्वपल्ली राधाकृष्णनन् एवं ड़ा. जाकिर हुसैन को ही प्राप्त था.

सन् 2007 में अपने राष्ट्पति के कार्यकाल की समाप्ति के बाद भी डा. कलाम देश के सर्वोत्तम् शिक्षण सस्थानों के साथ विजिटिंग प्रोफेसर की हैसियत से जुड़े रहे. उनकी दूरदर्शिता का प्रमाण उनकी पुस्तक **'इंडिया 2020'** है जिसमें उन्होनें देश को सन् 2020 तक एक पूर्ण विकसित एवं उन्नत भारत बनाने की योजना का विस्तार से चित्रण किया है जो आज भारत

के करोड़ों युवाओं की प्रेरणा है. मई 2012 में कलाम साहब ने भारत के युवाओं के लिये एक विशेष कार्यक्रम प्रारंभ किया जिसका नाम रखा 'वॉट केन आई गिव मूवमेंट' अर्थात मैं देश को क्या दे सकता हूं जिसका मुख्य उद्‌देश्य भ्रष्टाचार मुक्त भारत का निर्माण है.

27 जुलाई 2015 को ड़ा. कलाम का हृदयगति रूक जाने की वजह से अचानक उस समय निधन हो गया जब वह भारत प्रबंधन संस्थान, शिलांग में अपना व्याख्यान दे रहे थे. उनके निधन पर ना सिर्फ भारत में सात दिन का शोक मनाया गया अपितु विश्वभर ने उन्हें भावभीनी श्रृदांजलि दी क्योंकि वह सिर्फ एक वैज्ञानिक ही नहीं थे अपितु देश के करोड़ों लोगों के अभिभावक की तरह थे जो हमेशा उन्हें तरक्की की राह दिखाया करते थे.

कलाम साहब के जीवन के शुरूआती संघर्ष भरे दिन, उनकी शिक्षा के प्रति लगन, उनकी मेहनत, उनके सपने और उनकी महत्वांकाक्षाओं ने ही उन्हें इतना महान बनाया कि ना सिर्फ वह भारत के एक सर्वश्रेष्ठ 'भारतरत्न' वैज्ञानिक बने बल्कि देश के ऐसे राष्ट्पति बने जिन्हें जनता के राष्ट्पति के नाम से सदियों तक जाना जायेगा.

6. श्री धीरजलाल हीराचन्द अम्बानी

श्री धीरजलाल हीराचन्द अम्बानी अर्थात धीरूभाई अम्बानी जो नाम आज हर भारतीय की जुबान पर रहता है. उनकी कहानी इतनी बार कही और सुनी जा चुकी है कि वह मेरे क्या मुझ जैसे करोड़ों हिन्दुस्तानियों के प्रेरणास्त्रोत हैं. फिर भी अगर इस

लिस्ट में उनकी चर्चा ना हो तो यह लिस्ट अधूरी ही रहेगी.

गुजरात के छोटे से गांव में जन्मे धीरूभाई आर्थिक कारणों के चलते अपनी दसवीं कक्षा से आगे की पढ़ाई पूरी ना कर सके और काम की तालाश में अदन चले गये जहां उनको एक फर्म में सहायक की नौकरी मिल गयी. अदन उन दिनों विश्व का एक बहुत ही व्यस्त बंदरगाह था जहां दुनिया भर के व्यापारी आया–जाया करते थे. यहीं रहकर उन्होनें व्यापार की बारीकियां सीखी और जो कुछ भी पढ़ने को मिला उसे पढ़ते और समझते रहे.

जब यमन में ब्रिटिश राज समाप्ति की ओर था तब बहुत से भारतीय रोजगार और अच्छे जीवन की तालाश में ब्रिटेन चले गये और कुछ लोग भारत वापिस आ गये जिनमें धीरूभाई भी थे. भारत आकर उन्होनें अपने रिश्तेदार श्री चम्पकलाल दामानी के साथएक इम्पोर्ट–एक्सपोर्ट फर्म की स्थापना की. श्री दामानी ज्यादा जोखिम उठाने के पक्षधर नहीं थे जबकि धीरूभाई भारी जोखिम उठाने के लिये सदैव तैयार रहते थे अतः उनकी इस साझेदारी का जल्दी ही अंत हो गया. तब उन्होनें रिलायन्स टेक्सटाइल यूनिट की स्थापना की और अपनी वृहद विपणन योजना के चलते 'ओनली विमल' ब्रांड को हिन्दुस्तान के हर घर तक पहुंचा दिया.

रिलायन्स इन्डस्ट्रीज के शेयरधारकों को भी धीरूभाई की फर्म में पैसा लगाकर बहुत मुनाफा हुआ क्योंकि यह कम्पनी लगातार अच्छा व्यवसाय कर रही थी.

1999 में रिलायन्स इन्डस्ट्रीज ने जामनगर गुजरात में दुनिया के सबसे बड़े तेलशोधक कारखाने की स्थापना की. हम निर्विवाद रूप से कह सकते हैं कि श्रीमान धीरूभाई अम्बानी हिन्दुस्तान के इतिहास में आजतक के सबसे सफल कारोबारी हुए हैं.

सन् 2002 में श्री धीरूभाई अम्बानी के निधन पर तब के प्रधानमंत्री श्री अटल बिहारी वाजपेयी जी ने कहा था कि 'आज देश ने एक ऐसा प्रतिष्ठित सबूत खो दिया है जिसने यह सिध्द कर दिया कि एक साधारण भारतीय उद्‌यम की भावना और दृढ संकल्प से अपने जीवनकाल में क्या प्राप्त नहीं कर सकता'.

मुझे श्रीमान धीरूभाई के कहे यह शब्द सदैव प्रेरित करते रहते हैं कि 'अगर आप अपने सपने को साकार करने हेतु प्रयास नहीं करते तो आपको कोई और अपने सपनों को साकार करने के लिये नौकरी पर रख लेगा.'

उनके जीवन दर्शन से जो दूसरी बात बेहद स्पष्ट उभर कर आती है वह अर्थशास्त्र का बेहद पुराना सिध्दांत है कि 'लाभ जोखिम उठाने का पुरूस्कार है', उन्होनें जोखिम उठाया और आज सफलता के पर्यायवाची बन गये.

आप में से बहुत से लोग यह जानते और मानते होगें कि आप आज जो कर रहे हैं उससे बहुत बेहतर कर सकते हैं परन्तु आज की नियमित आय को छोड़ने का जोखिम लेने को तैयार नहीं हो पाते और अपने सपनों को अपने सामने दम तोड़ते देखने का मजबूर होते हैं.

हो सकता है कि यह कहानी आपकी प्रेरणास्त्रोत बन जाये और देश को एक और अम्बानी मिल जाये.

7. श्री करसनभाई पटेल

संभव है कि आप श्रीमान करसनभाई पटेल को नाम से ना पहचान पायें लेकिन जैसे ही आप 'वाशिंग पाउडर निरमा' का नाम सुनेगें आपको एक प्यारी सी गुडिया का मुस्कराता चहेरा याद आ जायेगा जोकि सत्तर अस्सी के दशक में हर सिनेमाहाल में पिक्चर से पहले अवश्य ही चलता था जो श्रीमान पटेल की अथक मेहनत और परिश्रम का परिणाम है.

श्रीमान करसनभाई गुजरात के किसान परिवार में जन्मे और उन्होनें अपनी रसायन शास्त्र में स्नातक की परीक्षा के बाद उन्होनें 21 वर्ष की आयु में लेब तकनीशियन के रूप में अहमदाबाद में पहली नौकरी शुरू की. कुछ ही समय बाद उन्हें राज्य सरकार में क्लर्क की नौकरी मिल गयी. सन् 1969 में उन्होनें अपने घर के पिछवाड़े के आंगन में वाशिंग पाउडर बनाने की शुरूआत की जिसे वह अपने कार्यालय समय के पश्चात साईकिल से घर–घर तीन रूपये किलो के हिसाब से बेचा करते थे जो उस समय उपलब्ध किसी भी डिटरजेंट पाउडर के मुकाबले लगभग तीन गुना कम थी. उनका वांशिग पाउडर लोगों को पसन्द आया और शीघ्र ही उसकी मांग काफी बढ़ गयी. उन्होनें अपनी बिटिया निरूपमा के नाम पर अपने वांशिग पाउडर का नाम 'निरमा' रखा और देखते ही देखते निरमा वांशिग पाउडर अहमदाबाद में घर–घर की पंसद बन गया.

तीन वर्षों में ही श्रीमान करसनभाई को लगने लगा कि वह नौकरी छोड़ कर इसे पूर्णकालिक व्यवसाय के रूप में अपना सकते हैं परन्तु उनका पारिवार में कभी किसी ने व्यवसाय नहीं किया था अतः उन्हे ड़र भी लगा कि अगर व्यवसाय नहीं चला तो क्या होगा परन्तु उत्तर गुजरात के किसानों में जो उधमी प्रतिभा होती है उसी का सहारा लेकर उन्होनें नौकरी छोड़ कर अहमदाबाद के बाहरी छोर पर एक छोटी सी वर्कशाप से निरमा के उत्पादन की शुरूआत की. अपनी कम लागत और गुणवत्ता के कारण शीघ्र ही निरमा पाउडर गुजरात और महाराष्ट् में बहुत प्रसिध्द हो गया. गृहणियों की पंसद के विज्ञापन माध्यम और वह प्यारा सा छोटा सा गाना 'सबकी पसंद निरमा' ने कुछ ही समय में भारत के डिटरजेंट बाजार में क्रांति ला दी जो अब तक हिन्दुस्तान लीवर जैसी बड़ी कम्पनियों का एकाधिकार था जिनका सर्फ डिटरजेंट पाउडर उस समय लगभग 13 रूपये किलो की कीमत पर बिका करता था. एक ही दशक में निरमा भारत का सबसे ज्यादा बिकने वाला डिटरजेंट पाउडर बन गया और चूंकि डिटरजेंट पाउडर बनाने के लिये काफी मानव–शक्ति की आवश्यकता थी, निरमा के 2004 में लगभग 14000 श्रमिक हो गये.

डिटरजेंट मार्केट में अपनी मजबूत पकड़ बनाने के बाद निरमा कम्पनी ने प्रीमियम श्रेणी के उत्पादों में कदम रखा और निरमा ब्यूटी सोप और प्रीमियम डिटरजेंट सुपर निरमा डिटरजेंट का उत्पादन भी शुरू कर दिया. आज निरमा की डिटरजेंट मार्केट में लगभग 35 प्रतिशत और नहाने के साबुन के बाजार में लगभग 20

प्रतिशत की हिस्सेदारी है. निरमा शुध्द ब्रांड के नाम से खाने का नमक भी बनाते हैं जिसकी बाजार में अच्छी मांग है. आज विदेशी बाजारों में भी निरमा की अच्छी पहचान है.

सन् 1995 में करसनभाई ने निरमा इंस्टीटयूट ऑफ टेक्नालॉजी की अहमदाबाद में स्थापना की जो आज गुजरात का एक प्रसिध्द इन्जीनियरिंग कालेज है. इसके बाद उन्होनें इंस्टीटयूट ऑफ मेनेजमेंट की स्थापना की. 2004 में निरमालैब एडकुशेन प्रोजेक्ट की स्थापना की जिसका लक्ष्य भविष्य के उधमी तैयार करना है. सन् 2010 में भारत सरकार ने श्री करसनभाई पटेल को 'पदम्श्री' से सम्मानित किया.

श्रीमान करसनभाई पटेल का जीवन हर उस व्यक्ति के लिये प्रेरणा स्त्रोत है जो अपने शिक्षण क्षेत्र में प्राप्त शिक्षा का दोहन या तो नौकरी कर दूसरों को मालामाल करने के लिये कर सकता है अथवा उधमी बन अपना भविष्य स्वंय लिख सकता है जिसमें उसके लिये अपार संभावनाएं हैं, बस आवश्यकता है तो इतनी कि नौकरी करके सुरक्षित भविष्य चुनना है या उधमी बन कर चुनौतियों का सामना करना है और सफलता के शिखर पर पहुंचने का प्रयास करना है, उदाहरण आपके सामने है.

8. श्री शिव नड़ार

श्रीमान शिव नड़ार को आप अपने देश में कम्पूयटर निर्माण का जनक मान सकते हैं. सन् 1945 में जन्मे श्री शिव नड़ार ने अपनी प्रारंभिक शिक्षा कुम्बाकोनम शहर से पूर्ण की और उसके बाद पीएसजी कॉलेज

आफ टेक्नालॉजी, कोएम्बटूर से इलेक्ट्रीकल एवं इलेक्ट्ानिक्सि की डिग्री लेने के बाद उन्होनें पूणे स्थित वॉलचन्द ग्रुप की कम्पनी में 1967 में नौकरी शुरू की. लेकिन कुछ ही समय पश्चात् नड़ार ने अपने मित्रों के साथ मिलकर माइक्रोकोम्प् नाम से एक कम्पनी की शुरूआत की जो टेलीविस्टा नाम से टेलीडिजिटल केलकूलेटर बेचा करती थी.

सन् 1976 में उन्होनें अपने मित्रों के साथ मिलकर एच. सी.एल. कम्पनी की नींव रखी जिसके लिये 6 मित्रों ने मिलकर रू.1,87,000/– का कुल निवेश किया. तत्कालीन सरकार की नीतियों के चलते आई.बी.एम. जैसे कम्पनियां के भारतीय बाजार को छोड जाने की वजह से एच.सी.एल. को काफी मुनाफा हुआ. सन् 1980 में श्री नड़ार ने विदेशी बाजार में कदम रखा और सिंगापुर में आई.टी. हार्डवेयर बेचने की शुरूआत की. साथ ही साथ भारत में कम्पूयटर शिक्षा की आवश्यकता को देखते हुए उन्होनें अपने तीन अन्य मित्रों के साथ मिलकर एन.आई.आई.टी. की नींव रखी जो आज देश में कम्पूयटर शिक्षा की सबसे अग्रणी संस्था मानी जाती है.

सन् 1984 में उन्होनें बिजीबी नाम से पर्सनल कम्पूयटर सोलयूशन्स के क्षेत्र में कदम रखा और एच.सी.एल. आफिस सोलयूशन्स नाम से एक सहायक कम्पनी बनाई जो शीघ्र ही पूरे देश की सबसे अग्रणी आफिस आटोमेशनस् कम्पनी बन गयी. सन् 1987 तक आते–आते कम्पनी लगभग 100 करोड़ रूपये का राजस्व कमा कर भारत की नम्बर एक आई.टी. कम्पनी बन गयी.

भारत के आई.टी. बाजार में धाक् जमाने के बाद श्री नड़ार ने विश्व पटल पर संभावनाएं खोजनी शुरू की और अमरीका में सन् 1989 में एच.सी.एल. अमरीका की शुरूआत की जो उनकी अपेक्षाओं पर खरी नहीं उतरी. फिर उन्होनें एच.पी. कम्पनी के साथ करार किया और एच.सी.एल.–एच.पी. लिमिटेड नाम से कम्पनी की शुरूआत की. नब्बे के दशक में श्री नड़ार ने नोकिया और एरिकसन् से उनके उत्पाद भारत में बेचने के लिये करार किया.

सन् 1995 तक एच.सी.एल. की 40 सब्सीडिरीज् हो गयी थी. तब उन्होनें अपना ध्यान कम्पूयटर हार्डवेयर से हटा कर कम्पूयटर सर्विसेस् की तरफ लगाया और एच.सी.एल. कन्सलटिंग कम्पनी की स्थापना की जिसका नाम 1996 में बदलकर एच.सी.एल. टेक्नॉलाजीस् हो गया और इसी साल उनका एच.पी. से करार भी टूट गया.

सन् 1999 में जब एच.सी.एल. टेक्नालॉजीस् का पहला पब्लिक शेयर बाजार में आया तब एच.सी.एल. भारत की दूसरी सबसे बड़ी आई.टी. कम्पनी थी. सन् 2000 में इन्टरनेट की शुरूआत के साथ ही दूसरी कम्पनियों से एच.सी.एल. को कड़ी प्रतिस्पर्धा मिलनी शुरू हो गयी अतः नड़ार साहब ने विदेशी कम्पनियों का अधिग्रहण शुरू किया ताकि बिजिनेज प्रोसेस आउटर्सोसिंग एवं फाइनेन्सिशयल् सर्विसेज् में पेठ बनायी जा सके. सन् 2004 में एच.सी.एल. ने अपनी सभी ईकाइयों को सिर्फ दो कम्पनियों अर्थात एच.सी. एल. टेक्नालॉजीस् एवं एच.सी.एल. इन्फोसिस्टम्स् में समाहित कर लिया. भारत सरकार ने श्री शिव नड़ार

को सन् 2008 में 'पदम्भूषण' पुरूस्कार से सम्मानित किया. सन् 2014 को उनकी व्यक्तिगत परिसम्पति लगभग 11.5 बिलियन डालर आंकी गयी थी. इसके साथ–साथ श्री नड़ार बेहद परोपकारी भी हैं और अपनी आय का लगभग 10 प्रतिशत वह सामाजिक कार्यो के लिये पृथक रखते हैं. उन्होनें कई स्कूल एवं कालेजों की भी स्थापना की है.

श्री शिव नड़ार का जीवन हर उस व्यक्ति के लिये प्रेरणास्त्रोत है जो बड़े सपने देखता है और लीक से हटकर सोचने की हिम्मत रखता है, जैसे श्री नड़ार ने भारत में कम्पूयटर बनाने की तब सोची जब भारत भर में कुल 250 कम्पूयटर थे. यह उनका सकारात्मक दृष्टिकोण और दूरदर्शिता ही थी कि उन्होनें छोटी सी पूंजी के साथ कम्पूयटर हार्डवेयर के अपने व्यवसाय की शुरूआत कर उसे ग्लोबल आई.टी. सर्विसेज् की उचाईयों तक पहुंचाया जिसको ना सिर्फ भारत में अपितु विश्वभर में सम्मान से देखा जाता है.

9. श्री नागावरा रामाराव नारायना मूर्ति

1946 में जन्में श्री एन.आर. नारायना मूर्ति जिन्हें हम बेहद प्यार और सम्मान के साथ इन्फोसिस के एक संस्थापक श्री नारायना मूर्ति के नाम से जानते हैं वे भारत के सबसे विख्यात सूचना प्रौधोगिकी व्यवसायी हैं. एम.टेक. तक की अपनी शिक्षा पूर्ण करने के बाद श्री मूर्ति ने कुछ समय आई.आई.एम., अहमदाबाद में चीफ सिस्टम सुपरवाइजर के तौर पर कार्य किया.

क्या आप जानते हैं कि श्री मूर्ति की पहली कम्पनी जो उन्होनें खोली उसका नाम स्फाट्रोनिक था और लगभग

डेढ वर्ष की अथक मेहनत के बावजूद अपने इस उधम् में असफल रहने के बाद श्री मूर्ति ने वापिस पाटनी कम्पूयटरस्, पूना में नौकरी कर ली.

अपनी असफलता से हताश होने की बजाये उन्होनें अपने 6 अन्य मित्रों के साथ मिलकर 1981 में इन्फोसिस की स्थापना की और कंपनी को शुरू करने के लिये रूपये 10,000/– की आंरभिक पूंजी अपनी पत्नी श्रीमती सुधा मूर्ति से ली. लगातार 21 वर्षों तक कम्पनी के मुख्य कार्यकारी अधिकारी रहते हुए उन्होनें अपनी अथक मेहनत और लगन के बल पर इन्फोसिस को ना सिर्फ भारत की बल्कि दुनिया की अग्रणी कम्पनी का रूप दिया जो दुनिया भर को सूचना प्रौधोगिकी सेवाएं प्रदान करती है.

इसी के चलते विश्व विख्यात फारचूयन् मेगजीन ने श्री मूर्ति को विश्व के 12 महानतम् उधमियों में स्थान दिया और टाइम मेगजीन ने उन्हें भारत में सूचना प्रौधोगिकी के पितामह की उपाधि उनके सूचना प्रौधोगिकी की आउटसोंर्सिग में उनके योगदान के लिये दी. भारत सरकार ने श्री नारायन मूर्ति को सन् 2000 में 'पदम्श्री' एवं 2008 में 'पदम्विभूषण' पुरूस्कारों से सम्मानित किया.

मेरे जैसे करोड़ो भारतीयों के प्रेरणास्त्रोत श्री नारायना मूर्ति का व्यक्तित्व एक ऐसे जुझारू व्यक्ति का है जिसने भारत में उस समय सूचना प्रोधोगिकी के क्षेत्र में कदम रखा जिस समय इसका भारत में विस्तार नगण्य था और इस व्यवसाय में बहुत कम संभावनाएं नजर आती थीं. वे बेहद ज्ञानी और कुशाग्र थे और

व्यवसाय का जोखिम उठाने के बदले आराम से अच्छा वेतन और सभी सुविधाएं पा सकते थे परन्तु उनके सपने बड़े थे, सपनों को पूरा करने की लगन थी, जोखिम उठाने की हिम्मत थी और सहयोगियों को साथ लेकर चलने का कौशल था तभी तो आज इन्फोसिस वह कम्पनी है जिसे भारत का बच्चा–बच्चा जानता है और लाखों भारतीय युवा इन्फोसिस में जगह पाने के लिये कतार में खड़े रहते हैं.

हो सकता है उसी कतार में खड़ा कोई युवा श्री मूर्ति की इस कहानी से प्रेरणा पाकर अपने उधम् के बारे में सोचे क्योंकि उधम् चलाने के लिये पूंजी से ज्यादा सकारात्मक सोच और हिम्मत की आवश्यकता होती है जो आपके अन्दर ही छिपी है.

10. श्री सुनील भारती मित्तल

अक्टूबर 1957 को पंजाबी/अग्रवाल परिवार में जन्में श्री सुनील भारती मित्तल आज भारत में जाना माना नाम है क्योंकि उनकी कम्पनी 'एयरटेल' को भारत में मोबाइल सेवाओं का जन्मदाता माना जाता है. परन्तु क्या आप जानते हैं कि पंजाब विश्वविधालय से आर्ट में स्नातक की डिग्री लेने के बाद अठारह वर्ष की आयु में उन्होनें अपना पहला व्यवसाय सिर्फ 20000/– हजार रूपये की छोटी सी पूंजी से किया था जो उन्होनें अपने पिता से उधार लिये थे. वे लुधियाना में छोटे साईकिल निर्माताओं के लिये 'क्रेंकशाफ्ट' बनाते थे.

1980 में उन्होंने अपने भाइयों के साथ मिलकर भारती ओवरसीज् ट्रेडिंग कम्पनी के नाम से एक आयात फर्म खोली और 1981 में वह अपना लुधियाना की फेक्टरी

बेचकर मुम्बई चले आये और यहां वह पंजाब के व्यवसायियों से उनके आयात लाइसेंस खरीद कर सुजुकी के छोटे जेनेरेटर आयात करने लगे. व्यवसाय अच्छा चलने ही लगा था कि अचानक 1983 में भारत सरकार ने जेनेरेटर के आयात पर रोक लगा दी. श्री मित्तल के शब्दो में अचानक एक दिन जो कुछ मैं कर रहा था, सब खत्म हो गया, मेरे सामने समस्या ये थी कि अब क्या? तभी मेरे दिमाग में विचार आया कि जब मैं ताइवान में गया था तो मैंने वहां के लोगों को पुश बटन वाले टेलीफोन इस्तेमाल करते देखा था जिसमें कई खूबियां थी और भारत में अभी भी हम वहीं गोल घूमने वाले डायल फोन इस्तेमाल कर रहे थे. मुझे इस व्यवसाय में बहुत उम्मीद नजर आयी और इस प्रकार मैंने दूरसंचार व्यवसाय में कदम रखा. श्री मित्तल ने 'बीटल' के नाम से पुशबटन फोन, फेक्स मशीन आदि का विपणन शुरू किया.

1992 में इन्होनें भारत के चार मोबाईल नेटवर्क के लिये हुई नीलामी में सफलता पूवर्क भाग लिया. लेकिन दिल्ली के लाइसेंस के लिये एक आवश्यकता यह भी थी कि बोलीदाता को टेलीफोन आपरेटर सेवाओं का अनुभव होना चाहिये. इसके लिये उन्होंने फ्रांस की वीवान्दी कम्पनी से सौदा कर लिया. श्री मित्तल पहले ऐसे भारतीय उधमी थे जिन्हें भारत के मोबाईल उधोग में वृहद संभावनाएं नजर आयीं. उन्होने भारत में मोबाइल सेवाएं प्रदान करने के लिये भारत सरकार की मंजूरी के लिये 1994 में आवेदन किया और 1995 में उन्हें दिल्ली में मोबाइल सेवाएं प्रदान करने की मंजूरी मिल गयी और तभी उन्होंने भारती सेलूलर लिमिटेड

नामक कम्पनी की स्थापना की और दिल्ली में एयरटेल के नाम से मोबाईल फोन सेवा उपलब्ध कराई.

कुछ ही वर्षों में भारती के 20 लाख से ज्यादा ग्राहक हो गये. ऐयरटेल ने ही भारत में सबसे पहले लम्बी दूरी की राष्ट्रीय और अन्तराष्ट्रीय कॉल की दरों में अपनी 'इन्डियावन ब्रांड' के अर्न्तगत काफी सस्ती सेवायें पेश की जो बहुत लोकप्रिय स्कीम रही.

आज टेलीकॉम के क्षेत्र में भारती समूह एक जाना माना नाम है और यह समूह विदेशों में भी बड़ी–बड़ी टेलीकॉम कम्पनियां खरीद रहा है जैसे कि इन्होनें 2010 में दक्षिण अफ्रीका की 'जेन' कम्पनी को लगभग 10.7 बिलियन डालर में खरीदा है जो टेलीकॉम क्षेत्र का अब तक का सबसे बड़ा सौदा माना जा रहा है. भारत सरकार ने सन् 2007 में श्री सुनील भारती मित्तल को 'पदम्भूषण' से सम्मानित किया.

श्रीमान सुनील भारती मित्तल की इस सफलता ने सिध्द कर दिया कि व्यक्ति को सफलता के शिखर पर पहुंचने के लिये डिग्री अथवा पैसों की आवश्यकता नहीं वरन् आवश्यकता है तो सिर्फ हौसला रखने की. मुझे इनके जीवन से जो बहुत बड़ी प्रेरणा मिली वह यह है कि जब एक दरवाजा बन्द होता है तो कहीं दूसरा दरवाजा आपके आगमन की राह में खुल रहा होता है. बस आवश्यकता है कि आप उस दरवाजे को ढूंढ निकाले जैसे भारती साहब ने अपना आयात–निर्यात का जमा–जमाया व्यवसाय बन्द होने के बाद टेलीकॉम इन्डस्ट्री में भाग्य आजमाया और आज इस व्यवसाय के शिखर पर उनका नाम सबसे पहले आता है.

उपरोक्त महानुभावों के जीवन की गाथा पढ़कर आप को स्पष्ट हो गया होगा कि तरक्की की राह कभी आसान नहीं होती परन्तु ऐसा भी नहीं है कि आपके लिये सफल होना सिर्फ इसीलिये संभव नहीं है कि आपके पास धन नहीं है, शिक्षा नहीं है, साधन नहीं है, आदि, आदि.

सफल होने के लिये आवश्यकता है तो बस आपके साहस की और स्वयं पर विश्वास की, जो आपको अपने भीतर से ही मिलेगा, कुछ नया सोचने और करने की, नई नई राहें खोजने और उन अनदेखी राहों पर चल पड़ने की हिम्मत की, राह में आने वाली चुनौतियां का सामना कर उन पर विजय पाने की और अपने विश्वस्तों की टीम बनाने की क्योंकि 'अकेला चना भाड़ नहीं फोड़ सकता'. यह विश्वास क्या होता है, इसे **'विश्वास'** नामक कविता के माध्यम से समझिये.

मुझे कार्यालीन कार्य से बाहर जाना था
सुबह की पहली फ्लाइट पकड़नी थी
इसीलिये जल्दी उठ जाना था,
पर सुबह उठने में कुछ लेट हो गया
किसी तरह दौडते भागते एयरपोर्ट पहुंचा
और किस्मत से बोर्डिंग पास मिल गया.

विमान में बीच की सीट मिली थी
मेरी एक ओर एक अधेड़ महिला
और दूसरी ओर एक प्यारी सी
बारह–तेरह साल की बच्ची थी.
मैंने कुछ क्षणों तक तो अपने को संभाला

फिर उस प्यारी सी बिटिया से
दोस्ती का रास्ता निकाला,
जो लगभग मेरी बिटिया जितनी ही बड़ी थी
पता नहीं किस मजबूरी में
अकेली ही घर से चली थी.

मैंने मन ही मन तय किया कि
मैं इसका ख्याल रखूंगा
अगर कोई लेने नहीं आया तो
इसे इसके घर तक छोड़ भी दूंगा.
मैंने उससे उसका नाम पूछा
और ऐसे ही बात चलाई
उसने मुस्करा कर दिया जवाब
मुझे उसकी हंसी बहुत भायी.

अभी थोड़ी ही देर हुई थी कि
विमान हिचकोले खाने लगा
तभी माइक पर पाइलेट की आवाज आई
खराब मौसम के चलते उसने
बेल्ट बांधने की चेतावनी सुनाई.

अब विमान बुरी तरह हिचकोले खा रहा था,
कभी उपर कभी नीचे जा रहा था
सभी यात्री घबरा रहे थे
अपने ईश को याद कर अपने
बचने की दुआ मांग रहे थे,
साथ वाली महिला भी चिल्ला रही थीं

हर हिचकोले पर लगता था
जैसे उनकी जान जा रही थी.

मेरा भी ड़र के मारे बुरा हाल था
मेरे चहेरे का रंग भी हुआ बदहाल था.
पर आश्चर्य मुझे इस बात का था
कि वो बिटिया बिल्कुल शांत बैठी थी
लगता था जैसे उसको कोई फिक्र ही ना थी.

कुछ देर बाद ही सबकुछ शान्त हो गया
फिर एक बार पाइलेट की आवाज आई
उन्होनें यात्रियों को हुई
असुविधा के लिये खेद जताया
और बताया कि अब सबकुछ ठीक है
और हम गंतव्य के नजदीक हैं.
मैंने बिटिया की तरफ देखा और पूछा
जब सबका ड़र के मारे बुरा हाल था
तुम कैसे बैठी थी चुपचाप
क्या तुम्हे ड़र नहीं लगता?
वो बोली अरे ड़र कैसा
मेरे पापा ही तो विमान उड़ा रहे हैं
वही तो मुझे घर ले जा रहे हैं.

उस दिन मुझे विश्वास की ताकत पर विश्वास आया,
क्या होता है विश्वास यह समझ में आया.
अगर अपनों पर विश्वास रखोगे
तो बड़ी से बड़ी विपदा से भी नहीं ड़रोगे,

समाज हो अथवा संस्थान
अपने विश्वस्तों की टीम बनाओ
सोंपो जिम्मेदारी उनको फिर
सफलता के परचम लहराओ.

www.ingramcontent.com/pod-product-compliance
Lightning Source LLC
LaVergne TN
LVHW040437051026
849517LV00002B/648
* 9 7 9 8 8 9 3 2 2 7 3 5 2 *